Unterrichtsmaterialien aus Forschung und Praxis

Herausgegeben von Angela Sandmann und Silvia Wenning

Unterrichtsentwicklung mit dem professionellen Anspruch der Schulpraxis und dem Blick auf aktuelle Erkenntnisse fachdidaktischer Forschung ist wertvoll und gewinnbringend. Für beide Seiten – für die Schulpraxis und die Forschung – wird handlungsorientiertes Wissen über die Komplexität und Realisierbarkeit von Unterrichtsvorhaben generiert. An der Universität Duisburg-Essen arbeiten biologiedidaktische Forschung und Schulpraxis seit vielen Jahren in der Unterrichtsentwicklung erfolgreich zusammen. Dabei profitieren Biologielehrerinnen und -lehrer von neuen Materialien und dem „Blick über den Tellerrand" hinaus. Die Fachdidaktik erhält die Chance Forschungsergebnisse an der Schulpraxis zu spiegeln und neue Erkenntnisse praxiswirksam werden zu lassen.

Aus der gemeinsamen Arbeit sind vielfältige innovative Materialien, Konzepte und Anregungen für den Biologieunterricht entstanden, die mit dieser Reihe für alle Lehrerinnen und Lehrer u.a. auch digital als E-Book verfügbar sind. Die Themen der Hefte streifen dabei die gesamte Unterrichtsvielfalt von der Empfehlung für Exkursionen, über Experimente- und Aufgabensammlungen bis hin zu Aufgabensequenzen und vollständigen Unterrichtsreihen. Alle Materialien sind ausführlich erprobt sowie in Arbeitskreisen und Fortbildungsveranstaltungen mit engagierten und erfahrenen Lehrkräften diskutiert und optimiert worden.

Bei allen beteiligten Biologielehrerinnen und –lehrern möchten wir uns für die langjährige Zusammenarbeit bedanken und hoffen weiterhin auf anregende, kreative und produktive Zeiten.

Das Heft 2 „Steuerung und Regelung – Lernaufgaben für den Biologieunterricht" ist in Zusammenarbeit mit einer Lehrerarbeitsgruppe unter Förderung des Ministeriums für Schule und Weiterbildung des Landes Nordrhein-Westfalens (Frau MR' R. Acht) entstanden, die im Rahmen des bundesweiten Projektes „Biologie im Kontext" (gefördert durch das BMBF) unter Leitung von LRSD B. Wiese gegründet und nach Projektende in Nordrhein-Westfalen fortgesetzt wurde. Ziel war es, Unterrichtskonzepte und Aufgaben für den Biologieunterricht zu entwickeln, die die Kompetenzentwicklung von Schülerinnen und Schüler fördern und Biologielehrkräfte bei der Umsetzung der Kernlehrpläne unterstützen. Im Zentrum der Unterrichtsmaterialien stehen kontextorientierte Problemaufgaben, die Schülerinnen und Schülern motivieren und ihnen beim Lernen sinnstiftende Anknüpfungen an ihr Vorwissen bieten.

Weiterführende, fachdidaktische Materialien für den Biologieunterricht finden Sie auf unseren Internetseiten: www.uni-due.de/biologiedidaktik.

Angela Sandmann   Silvia Wenning

Unterrichtsmaterialien aus Forschung und Praxis

Herausgeberinnen

Angela Sandmann, Silvia Wenning

Universität Duisburg-Essen
Fakultät für Biologie, Didaktik der Biologie,
Universitätsstr. 2, 45141 Essen

Steuerung und Regelung – Lernaufgaben für den Biologieunterricht
1. Auflage: 2013

Autoren

Camiciottoli, Peter
Elfgen, Silva
Hagemann, Anne-Katrin
Hüllen, Robert
Jentsch, Simone
Kaninke, Yvonne
Nixdorf, Delia
Rögels, Marion
Sifakis, Rebekka
Wehrmann, Ingeborg
Zohren, Dirk
Geelvink, Hilke
Linsner, Martin
Wenning, Silvia

Redaktion

Anja Cargill, Yvonne Schachtschneider, Silvia Wenning

Layout und Grafik

Hilke Geelvink

Bilder, Fotos, Zeichnungen

Siehe Abbildungsnachweis

Herstellung und Verlag

BoD - Books on Demand,
In den Tarpen 42
D-22848 Norderstedt

ISBN

978-3-8482-6421-16

Die Beiträge sind urheberrechtlich geschützt. Alle Rechte vorbehalten.
Es ist ausdrücklich erwünscht, dass die Materialien im Unterricht eingesetzt
und zu diesem Zweck bis Klassen- bzw. Kursstärke vervielfältigt werden.

Steuerung und Regelung
Lernaufgaben für den Biologieunterricht

Inhalt

	Seite
Einführung: Steuerung und Regelung H. Geelvink, S. Wenning	5
Augen und Ohren auf im Straßenverkehr! P. Camiciottoli, A-K. Hagemann, S. Jentsch, M. Linsner	8
Der Igel verschläft den Winter R. Hüllen, Y. Kaninke, S. Wenning	13
Vorsicht vor dem Borkenkäfer R. Sifakis, I. Wehrmann, D. Zohren	19
Nicht zu viel und nicht zu wenig: Ernährung vor dem Sportunterricht S. Elfgen, D. Nixdorf, M. Rögels, S. Wenning	29
Quellen	46
Abbildungs- und Tabellenverzeichnis	46
Autoren und Herausgeber	47

Einführung: Steuerung und Regelung

H. Geelvink, S. Wenning

Das Konzept „Steuerung und Regelung" beinhaltet zwei Begriffe, die in der Alltagssprache häufig synonym, missverständlich oder fachlich nicht korrekt benutzt werden. „Das Auto wird gesteuert" oder „Die Lautstärke wird geregelt" sind zwei typische Aussagen. Im Alltag stören sie nicht, denn jeder weiß, was damit gemeint ist. Aus biologischer Perspektive gesehen werden die Begrifflichkeiten hier jedoch nicht korrekt verwendet.

Das Basiskonzept „Struktur und Funktion" wird im Kernlehrplan für das Gymnasium – Sekundarstufe I in Nordrhein-Westfalen in verschiedene Konzepte unterteilt (Abb. 1) und folgendermaßen charakterisiert:

Abb.1: Gliederung des Basiskonzeptes „Struktur und Funktion"

Dabei wird das Konzept „Steuerung und Regelung" im Lehrplan folgendermaßen charakterisiert:
„Lebewesen halten bestimmte Zustände durch Regulation aufrecht und reagieren auf Veränderungen. So wird bei wechselnden Umwelt- und Lebensbedingungen Stabilität erreicht. Regelmechanismen sind zumeist durch negative Rückkopplung charakterisiert. Sie sorgen dafür, dass in einem Organismus Körperfunktionen wie Temperatur, Wassergehalt oder Blutzuckerspiegel konstant gehalten werden. In einem Ökosystem wird u. a. die Dichte der Populationen, z. B. im Rahmen von Räuber-Beute-Verhältnissen, reguliert. Eingriffe des Menschen wie Pestizideinsatz oder Düngung können als Einfluss auf Regelkreise beschrieben werden. Durch die Komplexität der Systeme ist es nur begrenzt möglich, die Wirkungen solcher Eingriffe vorauszusagen" (KLP NRW Gymnasium 2008).

Durch diese Beschreibung werden vielfältige Bezüge auf verschiedene Inhaltsfelder der Sekundarstufe I deutlich, die eine abgestimmte Progression, auch im Hinblick auf die Fortführung in der Oberstufe, benötigen. Diese betrifft auch die verschiedenen Begrifflichkeiten, z. B. Steuerung, Regelung, Zustände, Regulation, Regelmechanismen, negative Rückkopplung oder Regelkreis.

Die Begriffe Steuerung und Regelung unterscheiden sich in ihren Definitionen durch den Aspekt der Rückkopplung (Abb. 2). Während bei der Steuerung eine Größe als Eingangsgröße eine andere Größe als Ausgangsgröße entsprechend der Eigenschaften des Systems beeinflusst, wirkt bei der Regelung die Ausgangsgröße auf das System zurück.

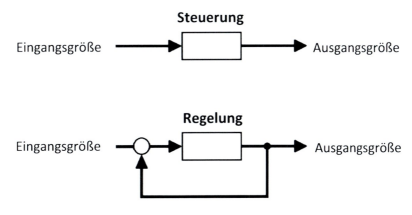

Abb. 2: Unterschied der Begriffe Steuerung und Regelung

Licht bewirkt beispielsweise das Wachstum von Pflanzen. Man könnte auch sagen, Licht steuert das Wachstum von Pflanzen, da das Licht (die Eingangsgröße) das Wachstum (die Ausgangsgröße) beeinflusst. Eine Rückkopplung liegt hier nicht vor.

Anders verhält es sich, wenn Licht auf die Netzhaut des Auges fällt. Durch die Pupille wird der Lichteinfall kontrolliert. Er wird vermindert, wenn zu viel Licht einfällt oder verstärkt, wenn zu wenig Licht einfällt. Dieser Vorgang ist neuronal rückgekoppelt. Daher handelt es sich um eine Regelung.

Die Begriffe „Steuerung" und „Regelung" stammen ursprünglich aus der Regelungstechnik und sind durch DIN-Normen technisch definiert. Interessanterweise findet man in der englischsprachigen Literatur nur den Begriff „to control". Es wird bei der Verwendung des Begriffs nur durch die Beschreibung der Rückkopplung (engl.: feedback) zwischen Steuern und Regeln unterschieden.

Die Einstellung der Lautstärke am Radio ist demnach keine Regelung, sondern eine Steuerung, weil keine Rückkopplung erfolgt. Der Lautstärke"regler" stellt lediglich die Lautstärke ein; die Lautstärke wirkt aber nicht auf den „Regler" zurück.

Ein Auto hingegen wird hoffentlich nicht nur gesteuert, sondern auch durch Rückkopplung durchgehend auf der Straße gehalten. Das nachfolgende Bild zeigt die Ergebnisse eines Experiments zur Verdeutlichung der Rückkopplung. Wenn man jemanden bittet, ein Strichmännchen zu zeichnen, erhält man unterschiedliche Resultate, in Abhängigkeit davon, ob während des Zeichnens die Augen geschlossen oder geöffnet sind, die Rückkopplung ausfällt oder stattfindet.

Abb. 3: 2 Beispiele für Strichmännchen: jeweils links mit offenen und rechts mit geschlossenen Augen gezeichnet

Im Kernlehrplan werden Inhaltsfelder beschrieben, in denen Steuerung und Regelung thematisiert werden können. Dabei wird deutlich, dass eine Progression von Klasse 5 bis 9 bzw. 10 nicht nur auf der inhaltlichen Ebene, sondern auch in Bezug auf verschiedene Darstellungsformen notwendig ist.

Für die Orientierungsstufe werden in den Aufgaben einfache „Wenn..., dann..."-Sätze, Pfeildiagramme und vereinfachte Regelkreise vorgeschlagen.

Für die zweite Progressionsstufe werden Flussdiagramme eingeführt, Regelkreise um die kybernetischen Fachbegriffe ergänzt und mehrere Regelkreise verknüpft bzw. mehrere Störgrößen diskutiert.

Tabelle 1: Progression des Konzepts und der Darstellungsform in den Inhaltsfeldern

	Inhaltsfelder	Progression
5/6	Überblick und Vergleich von Sinnesorganen beim Menschen: Reizaufnahme und Informationsverarbeitung Angepasstheit von Tieren und Pflanzen: Wärmehaushalt, Überwinterung	Wenn..., dann-Sätze Pfeildiagramm (linear) Einfache Rückkopplung, vereinfachtes Regelkreisschema zur Temperaturregelung
7-9/10	Ökosystem: Nahrungsbeziehungen, Veränderungen von Ökosystemen durch den Menschen Kommunikation und Regulation: Regulation durch Hormone, Regelkreis Sexualkunde	Positive, negative Rückkopplung, Flussdiagramm (verzweigt) Nahrungskette, -netz Erweitertes Regelkreisschema und Verknüpfung mehrerer Regelkreise Regulation des Blutzuckerspiegels (mit mehreren Störgrößen)

Zu jedem Inhaltsfeld wurde im Projekt Biologie im Kontext eine Aufgabe konzipiert. Diese Aufgaben wurden im Unterricht erprobt, in Lehrerfortbildungen diskutiert, überarbeitet und ergänzt. Folgende Konventionen haben sich als hilfreich erwiesen und werden daher hier verwendet, da sie in den Lehrbüchern unterschiedlich genutzt bzw. dargestellt werden.

Gleichsinnige und gegensinnige Beziehungen werden durch Pfeildiagramme dargestellt:

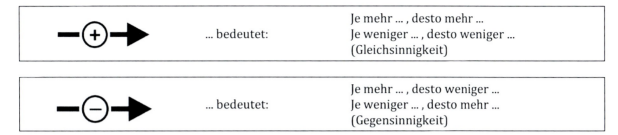

Bei der Darstellung der Regelkreise werden die Begriffe Regelgröße, Messglied, Ist-Wert, Regler, Regelzentrum, Soll-Wert, Stellwert, Stellgröße und Störgröße eingeführt:

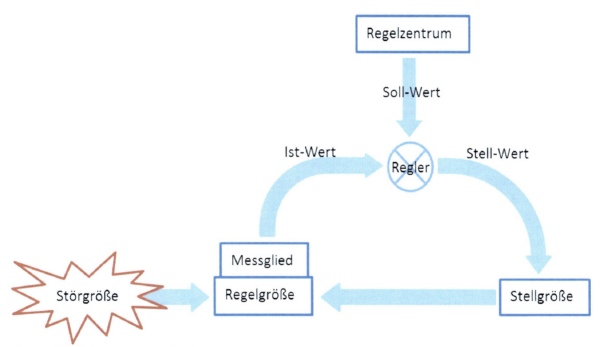

Abb. 4: Darstellung von Regelkreisen

Für die Jahrgangstufen 5/6 bzw. 7-9/10 wurden entsprechend der Inhaltsfelder jeweils zwei Aufgaben konzipiert, die die Progression der Begriffe und Darstellungsformen deutlich machen. Den Unterrichtsmaterialien wurden jeweils Kompetenzzuordnungen und allgemeine Aufgabenmerkmale vorangestellt. Im Anschluss wurden die erwarteten Schülerleistungen dokumentiert und in einer Tabelle den Bildungsstandards und den Anforderungsbereichen Reproduktion, Reorganisation und Transfer zugeordnet.

Für die Borkenkäfer-Reihe gibt es alternativ zur Unterrichtsreihe ein Spiel, mit dem Daten selbst erhoben werden können. Sie finden die Materialien unter: http://www.uni-due.de/biologiedidaktik/.

Augen und Ohren auf im Straßenverkehr!

P. Camiciottoli, A-K. Hagemann, S. Jentsch, M. Linsner

Thema	Reizaufnahme über die Sinnesorgane und Reizverarbeitung im Gehirn – Augen und Ohren auf im Straßenverkehr! Erarbeitung des Prinzips Steuerung und Regelung im Sinne des Methodenlernens mit dem Schwerpunkt des Fließdiagramms/Pfeildiagramms (siehe gesondertes Aufgabenblatt)

Kontext	*Sicher im Straßenverkehr*

Basiskonzept(e)	Struktur und Funktion – Steuerung und Regelung

Kompetenzen	Die Schülerinnen und Schüler...
Fachwissen	- **beschreiben** die Zusammenarbeit von Sinnesorganen und Nervensystem bei Informationsaufnahme, –weiterleitung und –verarbeitung.
Erkenntnisgewinnung	- **beschreiben, veranschaulichen** oder **erklären** biologische Sachverhalte unter Verwendung der Fachsprache und geeigneter Darstellungen.
Kommunikation	- **veranschaulichen** Daten angemessen mit sprachlichen und bildlichen Gestaltungsmitteln.

Jahrgangsstufe	5/6

Unterrichtsphase	Einstieg in den fachlichen Kontext „Sicher im Straßenverkehr"

Lernervoraussetzungen	Keine speziellen Kenntnisse

Augen und Ohren auf im Straßenverkehr

Du fährst mit dem Fahrrad aus deiner Hofausfahrt und möchtest auf die Straße abbiegen. Plötzlich hörst du lautes Reifenquietschen und siehst dann aus dem Augenwinkel, wie ein Auto auf dich zugerutscht kommt. Im letzten Moment schaffst du zu bremsen! Das ist gerade noch einmal gut gegangen!

Abb. 1: Radfahrer auf der Straße

Diese Situation macht deutlich, wie wichtig es ist, im Straßenverkehr gut aufzupassen. Im Straßenverkehr ist besonders der Seh- und Hörsinn von Bedeutung. Mit unseren Augen und Ohren nehmen wir Informationen aus unserer Umwelt auf. Biologen bezeichnen diese Informationen auch als „Reize". Unsere Sinnesorgane wandeln diese Reize in Signale um, die über Nerven ans Gehirn weitergeleitet werden. Die Informationen werden dort verarbeitet. Vom Gehirn aus werden dann - ebenfalls über Nerven - Befehle an die Muskeln geschickt, die sich daraufhin bewegen. Man spricht von einer Reaktion.

Aufgabe 1:

Die Abbildung 2 zeigt ein Fließdiagramm zu der oben dargestellten Verkehrssituation. Gib zunächst in der linken Spalte unter „Beispiel" an, welche Organe hier eine Rolle spielen. Vervollständige dann die linke Spalte „Fachbegriffe" und ordne die jeweiligen Fachbegriffe zu. Verwende dabei folgende Fachbegriffe: Reiz, Informationsverarbeitung, Informationsaufnahme, Reaktion, Informationsweiterleitung (2-mal)

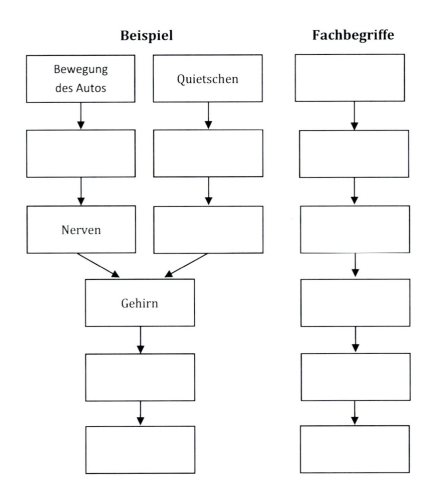

Fließdiagramme:
Fließdiagramme werden häufig verwendet, um Begriffe in eine zeitliche oder logische Reihenfolge zu bringen. Zur besseren Übersicht enthalten sie Stichworte, die durch Pfeile miteinander verbunden sind.

Abb. 2: Fließdiagramme

Aufgabe 2:

Abbildung 3 zeigt eine Ampel, die gerade auf rot springt.

a) Erstelle ein Fließdiagramm, welches das Verhalten einer Person widergibt, die auf die Ampel aus Abbildung 3 mit dem Fahrrad zufährt. Orientiere dich dabei an dem Fließdiagramm aus Aufgabe 1.

b) Vergleiche dein Fließdiagramm mit dem Fließdiagramm aus Aufgabe 1.

Abb. 3: Rote Ampel

Aufgabe 3:

Führt mit eurer Klasse folgendes Experiment durch:
Die Hälfte der Klasse zählt bei absoluter Ruhe innerhalb von 25 Sekunden die Nullen in der angegebenen Zahlenreihe in Abbildung 4. Dabei muss ein Schüler die Zeit stoppen. Jeder notiert anschließend, wie viele Nullen vorhanden sind.
Danach wiederholt die andere Hälfte der Klasse den Versuch, während gleichzeitig laut beliebige Zahlen vorgesprochen werden.

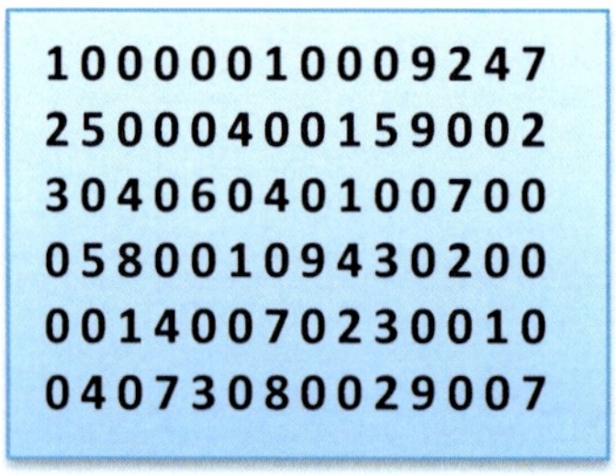

```
1 0 0 0 0 0 1 0 0 0 9 2 4 7
2 5 0 0 0 4 0 0 1 5 9 0 0 2
3 0 4 0 6 0 4 0 1 0 0 7 0 0
0 5 8 0 0 1 0 9 4 3 0 2 0 0
0 0 1 4 0 0 7 0 2 3 0 0 1 0
0 4 0 7 3 0 8 0 0 2 9 0 0 7
```

Abb. 4: Zahlenreihe für den Konzentrationstest

a) Notiert die Ergebnisse beider Gruppen an der Tafel und vergleicht diese miteinander.

b) Man kann dieses Modelexperiment auch auf andere Situationen aus dem Alltag übertragen. Häufig wird beim Auto- oder Fahrradfahren Musik gehört (s. Abbildung 5). Diskutiere mit deinem Nachbarn inwiefern dies die Reaktionsweise des Fahrradfahrers aus Aufgabe 1 verändert und trage dies in das Fließdiagramm ein. Begründet eure Entscheidung.

Aufgabe 4:

Alle Lebewesen müssen sich mit ihrer Umwelt auseinandersetzen, dabei sind sie darauf angewiesen, ihr Verhalten zu steuern.
Einwirkungen z. B. aus der Umwelt können Einfluss auf das Verhalten haben, man spricht in diesem Falle von einer Regelung des Verhaltens.

Markiere in deinem Fließdiagramm aus Aufgabe 3

- mit blauer Farbe diejenigen Bestandteile, die für die Steuerung des Verhaltens verantwortlich sind und

- mit grüner Farbe diejenigen Bestandteile, die das Verhalten regulieren.

Begründe deine farbliche Zuordnung.

Abb. 5: Ohren auf im Straßenverkehr?

Erwartungshorizont

Aufg Nr.	Erwartete Schülerleistung	Standards, AFB*				
		F	E	K	B	AFB
1	Fließdiagramm: Bewegung des Autos → Auge → Nerven → Gehirn → Nerven → Muskel/Bremsen; Quietschen → Ohr → Nerven → Gehirn. Allgemein: Reiz → Informationsaufnahme → Informationsweiterleitung → Informationsverarbeitung → Informationsweiterleitung → Reaktion.	x		x		II
2	a) SuS erstellen ein Fließdiagramm analog zu Aufgabe 1 (linke Seite).			x		II
	b) SuS nennen Gemeinsamkeiten und Unterschiede und erkennen so das allgemeingültige Prinzip der Reiz-Reaktionskette, in der sich nur die jeweiligen Reize bzw. Sinnesorgane voneinander unterscheiden.	x				III
3	a) SuS führen das Experiment durch und vergleichen die Versuchsergebnisse miteinander. Sie erkennen dabei, dass Störgeräusche die Konzentration negativ beeinflussen.		x			II
	b) SuS benennen den negativen Einfluss der Musik auf die Wahrnehmung des Autoquietschens und diskutieren die Veränderungen in der Reaktionsgeschwindigkeit. Möglich ist auch eine Diskussion über verschiedene Rahmenbedingungen, z.B. Benutzung von Kopfhörern, Lautstärke der Musik, etc. SuS notieren die negativen Einflussmöglichkeiten an den entsprechenden Stellen im Fließdiagramm.	x		x		III

*Anforderungsbereiche I (Reproduktion), II (Reorganisation), III (Transfer)

Anmerkungen der Autoren zum Einsatz der Aufgabe

Im Anschluss an die Aufgabe ist die Besprechung von Auge oder Ohr möglich
Mögliche Reihenplanung:
- „Aufgepasst im Straßenverkehr"
- Aufbau des menschlichen Auges oder Aufbau des menschliches Ohres und seine Funktion
- Gehörlose/ Blinde im Straßenverkehr
- Schutz der Sinnesorgane vor z. B. Lärm

Die Bearbeitung von Aufgabe 2 kann im Unterricht in Stunde 1 erfolgen oder auch als Hausaufgabe eingesetzt werden.
Nach Aufgabe 2 ist eine Zusammenfassung der bisher gewonnenen Erkenntnisse im Plenum sinnvoll, um den grundsätzlichen Ablauf des Reiz-Reaktionsschemas abzusichern.

Nach Aufgabe 3 sollte im Plenum wiederum eine Absicherung erfolgen. Insbesondere die verschiedenen Einflussmöglichkeiten auf das Reiz-Reaktionsschema sollten näher betrachtet werden. Hier kann die Hinzunahme von Zusatzinformationen aus der Neurobiologie durch den Lehrer sinnvoll sein.

Der Igel verschläft den Winter

R. Hüllen, Y. Kaninke, S. Wenning

Thema	Der Igel verschläft den Winter – Regulation der Körpertemperatur bei Winterschläfern

Kontext	*Leben mit den Jahreszeiten*

Basiskonzept(e)	Struktur und Funktion (hier besonders: Steuerung und Regelung)

Kompetenzen	Die Schülerinnen und Schüler...
Fachwissen	- **stellen** einzelne Tier- und Pflanzenarten und deren Angepasstheit an den Lebensraum und seine jahreszeitlichen Veränderungen **dar**. - **beschreiben** exemplarisch Organismen im Wechsel der Jahreszeiten und erklären die Angepasstheit (z.B. Überwinterung unter dem Aspekt der Entwicklung). - **beschreiben** Wechselwirkungen verschiedener Organismen untereinander und mit ihrem Lebensraum.
Erkenntnisgewinnung	- **interpretieren** Daten, Trends Strukturen und Beziehungen, erklären diese und ziehen geeignete Schlussfolgerungen
Kommunikation	- **veranschaulichen** Daten angemessen mit sprachlichen, mathematischen und bildlichen Gestaltungsmitteln.

Jahrgangsstufe	5/6

Unterrichtsphase	Einstieg in das Thema „Überwinterung von Tieren"

Lernervoraussetzungen	Die Schüler kennen bereits die **Angepasstheit von Pflanzen an die kalte Jahreszeit** und damit auch die äußeren Bedingungen für überwinternde Tiere: Kälte, Nahrungsmangel. Die dargestellte Lernaufgabe führt am Beispiel des Igels in die Überwinterung heimischer Tiere ein. Der **Umgang mit einfachen Säulendiagrammen** muss den Schülerinnen und Schülern bekannt sein (z.B. jahreszeitabhängige Lichtintensität am Boden eines Buchenwaldes).

Der Igel verschläft den Winter

Bernd und Renate haben Herbstferien. Seit einigen Tagen beobachten sie einen Igel in ihrem Garten. Am Tag schläft der Igel in einem Schlafnest aus Laub und trockenen Pflanzenteilen unter der Gartentreppe. Erst am Abend kommt er aus seinem Versteck und macht sich unter Schnaufen über Würmer und Schnecken her. Tante Barbara erklärt den beiden, dass die Igel im Sommer und Herbst mehr Futter aufnehmen als sonst. Sie fressen sich ein dickes Fettpolster an, von dem sie während des Winters zehren. Wenn die Tage kälter werden, kommt der Igel immer seltener aus seinem Tagesversteck. Sinkt die Außentemperatur öfter unter 10°C, sucht der Igel ein trockenes Nest in einem Laubhaufen auf und hält dort Winterschlaf. Erst wenn die Temperaturen über 15°C steigen, erwacht der Igel aus seinem Winterschlaf.

1. Vervollständige das dargestellte Fließdiagramm. *(Fettdruck vorgegeben)*

Sommer und Herbst → Fettpolster anfressen → **Tage werden kälter** → Igel kommt seltener aus dem Versteck → **Temperatur unter 10°C** → Igel sucht Laubhaufen und hält Winterschlaf → **Temperatur über 15°C** → Igel erwacht aus Winterschlaf

Wie kann der Igel ohne zu fressen den Winter überleben?

Bernd stellt sich vor, wie es ist, wenn man den ganzen Winter über nichts isst. Das ist eine prima Methode zum Abnehmen, sagt Renate. Tante Barbara sagt: „Genau, der Igel verliert auch über die Hälfte seines Körpergewichtes im Winter. Damit er den Winter trotzdem überlebt, hat der Winterschlaf ein paar Besonderheiten. Ich habe hier ein altes Biologiebuch, vielleicht könnt ihr ja selbst herausfinden, welche Besonderheiten das sind."

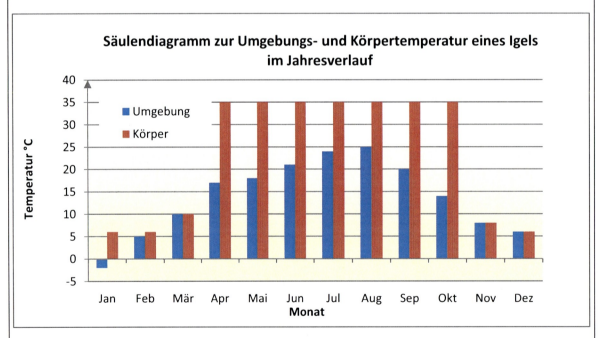

Abb. 1: Säulendiagramm

2. Beschreibe die Abbildung und die Tabelle.

3. Erläutere, welche Besonderheiten der Winterschlaf hat.

4. Stelle mit deinem Nachbarn in einer Tabelle die Angepasstheiten des Igels an den Winter dar und erläutere jeweils die Vorteile:

Tab. 1: Atemzüge und Herzschläge des Igels pro Minute

	Igel wach	Igel im Winterschlaf
Atemzüge je Minute	20	5
Herzschläge je Minute	280 - 320	18 - 22

Angepasstheit	Vorteile
...	...

Hausaufgabe:

In der warmen Jahreszeit ist das Nahrungsangebot reichhaltig. Während der kalten Jahreszeit hingegen finden Igel nichts mehr zu fressen. Dann dient ihnen ihr zuvor angefressenes Fettpolster als Energiereserve. Damit diese Energiereserve für den gesamten Winter reicht, ist die Körpertemperatur während des Winterschlafs auf 6 °C herabgesetzt. Außerdem ist die Atmung verlangsamt und die Zahl der Herzschläge pro Minute stark verringert. Dies sind Energiesparmaßnahmen, die es dem Igel ermöglichen, über den Winter zu kommen.

Mitten im Winter beobachten Bernd und Renate ihren Igel jedoch auf dem Weg zu einem windgeschützten und besonders großen Laubhaufen direkt am Haus – und das an einem besonders kalten Tag. Renate nimmt den Igel in die Hand: „Der ist ja ganz warm! Da stimmt doch was nicht!"

Folgende Daten treffen auch für den beobachteten Igel zu:

Tab. 2: Umgebungs- und Körpertemperatur des Igels in Bernd und Renates Garten

Datum	1. Jan.	2. Jan.	3. Jan.	4. Jan.	5. Jan.	6. Jan.	7. Jan.	8. Jan.	9. Jan.	10. Jan.
Umgebungs-temperatur	5	3	5	1	-3	-9	-8	0	4	2
Körper-temperatur	6	6	6	6	5	35	25	6	6	6

1. Erstelle mit Hilfe der angegebenen Daten ein Säulendiagramm zur Umgebungs- und Körpertemperatur.
2. Vergleiche das Diagramm mit dem Diagramm aus dem Unterricht.
3. Erkläre mit Hilfe des Diagramms das Verhalten des Igels in Bernd und Renates Garten.

Regulation der Körpertemperatur beim Igel

Bernd und Renate haben jetzt verstanden, dass der Igel erwacht ist, weil die Temperatur in seinem Nest zu stark gesunken ist. Um nicht zu erfrieren, musste er sich einen wärmeren Schlafplatz suchen.

„Doch woher weiß der Igel, wann es Zeit für den Winterschlaf wird, oder wann es zu kalt zum Weiterschlafen ist?", will Bernd wissen. „Ja genau", sagt Renate. „Und woher weiß er, wann im Frühjahr die Zeit zum Aufwachen gekommen ist?" Tante Barbara hat zugehört und ruft die beiden in die Küche, wo Onkel Jürgen gerade einen Kuchen backt. „Um das zu erklären, muss ich ein bisschen weiter ausholen. Hier im Backofen backt ein Kuchen bei 180°C, diese Temperatur hat Onkel Jürgen

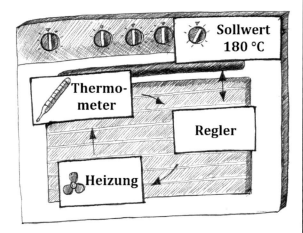

Abb. 2: Temperaturregelung im Backofen

vorher eingestellt. Ein eingebautes Thermometer misst ständig die Temperatur und gibt diese an einen Regler weiter. Der Regler schaltet die Heizung des Backofens ab, wenn die eingestellten 180°C erreicht sind. Wenn ich jetzt die Herdklappe öffne, sinkt die Temperatur und der Regler schaltet die Heizung wieder ein, bis der Sollwert von 180°C wieder erreicht ist.

Beim Igel ist es so ähnlich: Ein Igel besitzt auf der Haut und im Körper Sinneszellen für die Messung der Temperatur. Wenn er in eine kältere Umgebung kommt, geben diese Sinneszellen entsprechende Informationen an einen bestimmten Teil im Gehirn weiter, der die Aufgabe eines Reglers übernimmt. Der Regler veranlasst die Muskeln zu einer starken Zitterbewegung. Dadurch wird Wärme freigesetzt. Außerdem wird die Blutzirkulation in den äußeren Hautschichten verringert, so dass weniger Wärme nach außen abgegeben wird. Der Körper wird dadurch aufgeheizt, bis die Temperatur von 35°C wieder erreicht ist."

1. Stelle auch die Temperaturregelung bei einem Igel in einem Regelkreisschema dar:

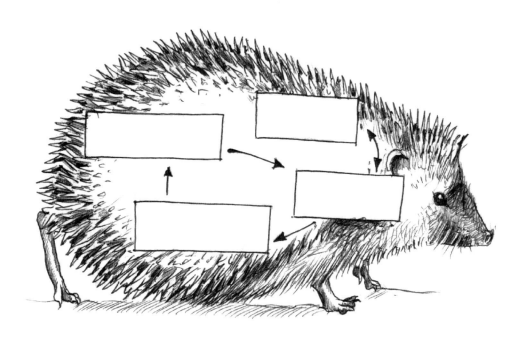

Abb. 3: Temperaturregelung bei einem Igel in einem Regelkreisschema

2. Lies aus dem Säulendiagramm von AB1 die Körpertemperatur eines Igels im Winter ab. Stelle für den winterschlafenden Igel die Temperaturregelung in einem ähnlichen Regelkreisschema dar, zeichne dazu unter den Igel:

Abb. 4: Winterschlafender Igel

3. Ein Backofenregler befolgt folgende Programmierung: „Schalte die Heizung ein, wenn die eingestellte Backtemperatur unterschritten wird". Übertragen auf den Igel lautet die Programmierung im Sommer: „Fange an zu zittern, wenn die Körpertemperatur 35°C unterschreitet!"

Formuliere auf ähnliche Weise die Programmierung für den Temperaturregler in einem Igelgehirn:
a) zum Übergang in den Winterschlaf:
b) zum Erwachen im Frühling:
c) zur Unterbrechung des Winterschlafes als Schutz vor Erfrieren:

Erwartungshorizont

Blatt Nr.	Erwartete Schülerleistung	F	E	K	B	AFB
AB 1	1. SuS entnehmen Zusammenhänge aus einem Text und veranschaulichen diese durch Vervollständigung eines in Teilen vorgegebenen Fließdiagrammes, das die Reaktionen eines Lebewesens auf äußere Bedingungen darstellt.	x		x		II
	2. SuS beschreiben ein komplexes Säulendiagramm, das den Zusammenhang zwischen Außentemperatur und Körpertemperatur darstellt.	x		x		I
	3. SuS interpretieren Daten aus Säulendiagramm und Tabelle im Hinblick auf die Fragestellung (Besonderheiten des Winterschlafes).	x		x		II
	4. SuS entnehmen Informationen aus verschiedenen Quellen, interpretieren sie und stellen sie in einer Tabelle (Angepasstheit/Vorteil) dar und erklären so den biologischen Sinn des Winterschlafs.	x		x		III
AB 2	1. SuS erstellen aus einer Tabelle ein komplexes Säulendiagramm in Anlehnung an ein bekanntes Format.	x		x		II
	2. SuS vergleichen Daten aus zwei Säulendiagrammen und nennen den Unterschied.	x		x		II
	3. SuS erklären den Unterschied zwischen den Säulendiagrammen (kurzfristiger Anstieg der Körpertemperatur: Aufwachen des Igels bei Erfrierungsgefahr).	x		x		III
AB 3	1. SuS entnehmen Informationen zur Temperaturregulation eines Säugetiers einem Text und veranschaulichen diese durch Vervollständigung eines in Teilen vorgegebenen Regelkreisschemas in Anlehnung an einen vorgegebenen technischen Regelkreis.	x		x		II
	2. SuS variieren mit Hilfe von Zusatzinformationen den erarbeiteten Regelkreis und stellen so die Regulationsvorgänge während des Winterschlafes dar.	x		x		III
	3. SuS formulieren einfache Zusammenhänge in einem Regelkreisschema zur Regulation der Körpertemperatur.	x		x		III

*Anforderungsbereiche I (Reproduktion), II (Reorganisation), III (Transfer)

Anmerkungen der Autoren zum Einsatz der Aufgabe

Überblick:
Erstellen eines Flussdiagramms aus Informationen zum Verhalten eines Igels (Vorgabe der Pfeile, einige schon ausgefüllt → neue Methode!)
Diagramm Umgebungstemperatur/Körpertemperatur ohne (!) Aufwachen im Winter
Weiterführende Aufgabe: Zeichnen eines Diagramms mit Aufwachen als HA
Aufgreifen der Problematik: Warum Aufwachen: Regelkreis

Zur Einordnung:
Unterrichtsreihenbeschreibung der Implementations-CD: Igel, Eichhörnchen, Standvögeln und Zugvögeln werden erarbeitet. Die Tiere werden unter den Aspekten Ernährung, Lebensraum und Fortpflanzung kennengelernt. Hierbei wird deutlich, dass nicht nur die Kälte im Winter eine wichtige Rolle bei der Überwinterung spielt, sondern auch die fehlende oder geringe Nahrungsmenge. Ein Säugetier z.B. Fuchs oder Hase mit Sommer- und Winterfell rundet den Zusammenhang zwischen dem Verhältnis von Nahrungsaufnahme und Wärmeabgabe ab. Die verschiedenen vorgestellten Lebewesen sind unterschiedlich an die Winterzeit angepasst. (Basiskonzept System) (Basiskonzept Struktur und Funktion: Variabilität und Angepasstheit)

Vorsicht vor dem Borkenkäfer

R. Sifakis, I. Wehrmann, D. Zohren

Thema	Räuber-Beute-Beziehung am Beispiel des Ökosystems Wald
Kontext	*Erkunden eines Ökosystems*
Basiskonzept(e)	System, Struktur und Funktion, Entwicklung
Kompetenzen	Die Schülerinnen und Schüler...
Fachwissen	- **beschreiben** verschiedene Nahrungsketten und -netze. - **erläutern** die Zusammenhänge von Organismus, Population, Ökosystem und Biosphäre. - **beschreiben** und **erklären** das dynamische Gleichgewicht in der Räuber-Beute-Beziehung. - **beschreiben** und **bewerten** die Veränderung von Ökosystemen durch Eingriffe des Menschen.
Erkenntnisgewinnung	- **interpretieren** Daten, Trends, Strukturen und Beziehungen, **erklären** diese und ziehen geeignete Schlussfolgerungen. - **nutzen** Modelle und Modellvorstellungen zur Analyse von Wechselwirkungen, Bearbeitung, Erklärung und Beurteilung biologischer Fragestellungen und Zusammenhänge. - **beschreiben, veranschaulichen** oder **erklären** biologische Sachverhalte unter Verwendung der Fachsprache und mit Hilfe von geeigneten Modellen und Darstellungen u.a. Struktur-Funktionsbeziehungen und dynamische Prozesse im Ökosystem.
Kommunikation	- **beschreiben** und **erklären** mit Zeichnungen, Modellen oder anderen Hilfsmitteln originale Objekte oder Abbildungen verschiedener Komplexitätsstufen. - **veranschaulichen** Daten angemessen mit sprachlichen und bildlichen Gestaltungsmitteln.
Bewertung	- **beschreiben** und **beurteilen** an ausgewählten Beispielen die Auswirkungen menschlicher Eingriffe in die Umwelt.
Jahrgangsstufe	7
Unterrichtsphase	Erarbeitung
Lernervoraussetzungen	Grundlegende Bergriffe des Ökosystems z.B. Nahrungskette, Nahrungsnetze

M 1 Specht, Fichte und Fichtenborkenkäfer

Zwischen den Organismen im Lebensraum Wald bestehen vielfältige Beziehungen. Der Zusammenhang zwischen den drei Lebewesen Buntspecht, Fichte und Fichtenborkenkäfer wird nun erklärt.

Der Buntspecht (*Dendrocopos major*) ist durch sein weithin hörbares Schnabeltrommeln gegen Baumstämme bekannt. Dieses Trommeln dient dem Anlocken des Partners, der Nahrungssuche oder dem Bau einer Nisthöhle (Höhlenbrüter). Besonders in Paarungszeiten kannst du das Männchen selber anlocken, indem du mit Stöcken gegen einen Baumstamm schlägst. Es wird aufgeregt angeflogen kommen, da es dein Klopfen für einen Konkurrenten hält. Männchen wie Weibchen zeigen ein schwarz-weißes Gefieder mit charakteristischem rotem Gefieder im Schwanzbereich. Den roten Fleck am Hinterkopf besitzt nur das Männchen. Mit dem scharfkantigen, keilförmigen Schnabel kann der Buntspecht Löcher in Baumrinden schlagen, um darunter lebende Insekten und Larven hervorzuholen. Nahrungssuche und Nistbau beschädigen gesunde Bäume nicht. Auf seinem Speiseplan stehen außerdem Eier und Jungvögel fremder Nester, Knospen, Früchte und Samen.

Abb. 1: Buntspecht

Die Fichte (*Picea abies*) gehört zu den einheimischen Nadelbäumen. Du erkennst sie an ihrer rot-braunen Borke, die in runden Schuppen abblättert. Im Gegensatz zu den stehenden Zapfen der Tanne hängen ihre Zapfen an den Zweigen herab. Da die Fichte schnell wächst, hat sie für die Holzwirtschaft eine große Bedeutung und wird seit dem 18. Jahrhundert in Deutschland großflächig angebaut.

Abb. 2: Fichte

Der Fichtenborkenkäfer (*Ips typographus*) wird von den Förstern häufig als Schädling angesehen, doch stellt er für einen typischen Mischwald keine ernsthafte Gefahr dar. Ihre natürlichen Feinde, wie z.B. Specht und Schlupfwespe sorgen dafür, dass ihre Anzahl gering bleibt. Die Weibchen des Fichtenborkenkäfers legen ihre Eier in Gängen unter der Fichtenborke ab. Aus den Eiern schlüpfen die Larven. Diese fressen sich durch die empfindliche Baumrinde und legen dabei ein Netz aus Fraßgängen an, die die Lebensfunktionen des Baumes beeinträchtigen. Die Larven verpuppen sich und die geschlüpften Käfer fressen sich durch die Rinde nach außen.

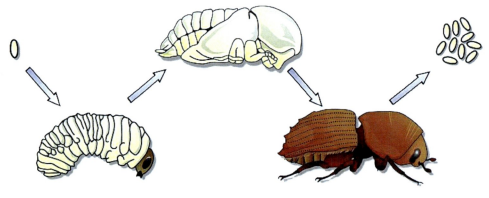

Abb. 3: Entwicklung des Fichtenborkenkäfers

Aufgabe 1:

Stelle die drei Lebewesen (Buntspecht, Fichte und Fichtenborkenkäfer) in einer Nahrungskette dar.

M 2

Partnerarbeit: Arbeitsauftrag für **Partner A**

Name _____

Die Anzahl der Fichtenborkenkäfer in einem Lebensraum ist nicht immer gleich. Die Größe ihrer Population schwankt im Jahresverlauf zwischen Höchst- und Tiefstwerten. Betrachtet man über einen längeren Zeitraum (mehrere Jahre hintereinander) die Populationsgröße, so zeigen sich auch hier deutliche Unterschiede.
Die folgende Tabelle zeigt die Populationsgröße des Fichtenborkenkäfers in einer Computersimulation. Hierbei wurde über 20 Messungen die Anzahl der Borkenkäfer in einem begrenzten Gebiet berechnet.

Messung	Populationsgröße	Messung	Populationsgröße	Messung	Populationsgröße
Start	40.000	7	35.880	14	36.940
1	37.530	8	47.000	15	49.590
2	45.850	9	62.160	16	66.590
3	58.330	10	79.500	17	89.080
4	69.870	11	58.190	18	102.530
5	51.530	12	22.650	19	12.400
6	30.680	13	27.660	20	13.960

Aufgabe 1:
Beschrifte die Achsen und übertrage die Messwerte in das Koordinatensystem.

Aufgabe 2:
Formuliere eine geeignete Überschrift für das Koordinatensystem.

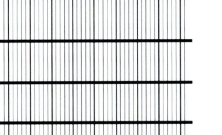

Partnerarbeit: Arbeitsauftrag für **Partner B** _____ Name _____

Die Anzahl der Buntspechte in einem Lebensraum ist nicht immer gleich. Die Größe ihrer Population schwankt im Jahresverlauf zwischen bestimmten Höchst- und Tiefstwerten. Betrachtet man über einen längeren Zeitraum (mehrere Jahre hintereinander) die Populationsgröße, so zeigen sich auch hier deutliche Unterschiede.

Die folgende Tabelle zeigt die Populationsgröße des Buntspechts in einer Computersimulation. Hierbei wurde über 20 Messungen die Anzahl der Buntspechte in einem begrenzten Gebiet berechnet.

Messung	Populationsgröße
Start	110
1	31
2	12
3	14
4	50
5	216
6	62

Messung	Populationsgröße
7	9
8	3
9	4
10	28
11	324
12	55
13	3

Messung	Populationsgröße
14	1
15	1
16	1
17	3
18	172
19	137
20	1

Aufgabe 1:
Beschrifte die Achsen und übertrage dann die Messwerte in das Koordinatensystem.

Aufgabe 2:
Formuliere eine geeignete Überschrift für das Koordinatensystem

M 2

M 2

Messung	Populationsgröße
Start	40.000
1	37.530
2	45.850
3	58.330
4	69.870
5	51.530
6	30.680

Messung	Populationsgröße
Start	110
1	31
2	12
3	14
4	50
5	216
6	62

Messung	Populationsgröße
7	8
8	9
9	10
10	11
11	12
12	19
13	13

Messung	Populationsgröße
7	35.880
8	47.000
9	62.160
10	79.500
11	58.190
12	22.650
13	27.660

Messung	Populationsgröße
9	3
10	4
11	28
12	324
13	55

Messung	Populationsgröße
14	15
15	16
16	17
17	18
18	19
19	20

Messung	Populationsgröße
14	36.940
15	49.590
16	66.590
17	89.080
18	102.530
19	12.400
20	13.960

Messung	Populationsgröße
14	1
15	1
16	1
17	3
18	172
19	137
20	1

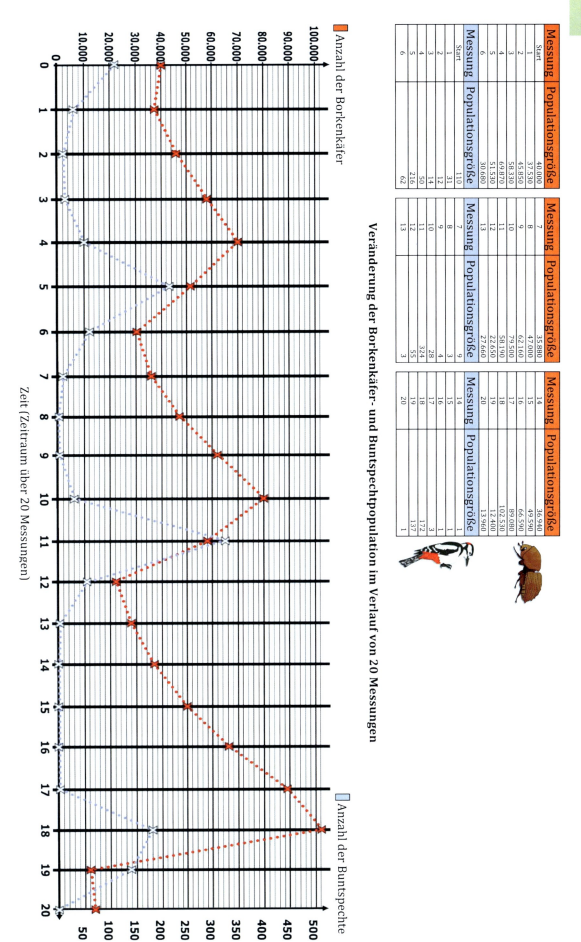

Veränderung der Borkenkäfer- und Buntspechtpopulation im Verlauf von 20 Messungen

M 3 Welche Beziehungen bestehen zwischen Specht, Fichtenborkenkäfer und Fichte?

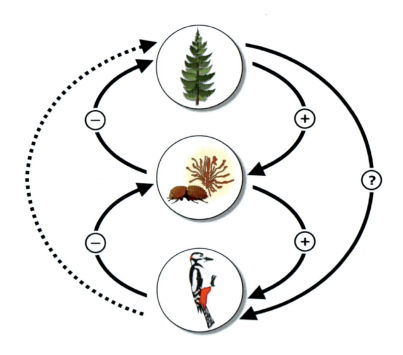

Abb. 1: Beziehungen zwischen Specht, Fichtenborkenkäfer und Fichte

Die Abbildung zeigt dir ein Pfeildiagramm, in dem die Anzahl der jeweiligen Lebewesen (Population der Fichten, der Fichtenborkenkäfer und der Spechte) in Beziehung gesetzt wird. Dabei werden zwei Zeichen verwendet:

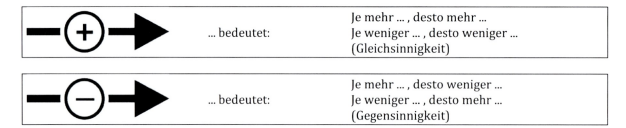

Aufgabe 1:

Formuliere die entsprechenden Sätze zu den wechselseitigen Beziehungen der Lebewesen im dargestellten Pfeildiagramm.

Aufgabe 2:

Entscheide dich, welches Zeichen die Beziehung zwischen Fichte und Specht wiedergibt. Begründe deine Entscheidung.

> In einem natürlichen Ökosystem kann man Tiere in Räuber (hier der Specht) und Beutetiere (hier der Fichtenborkenkäfer) einteilen. Die Räuber / Fressfeinde sorgen dafür, dass die Population einer Tierart nicht zu groß wird.
> Räuber und Beutetiere befinden sich in einem Regelungssystem, bei dem eine **Vergrößerung** der Anzahl an Räubern eine **Verkleinerung** der Anzahl der Beutetiere (Gegensinnigkeit) zur Folge hat. Eine **Vergrößerung** der Anzahl der Beutetiere führt zu einer Vergrößerung der Anzahl der Räuber. Wenn der Räuber fehlt, breiten sich die Beutetiere ungehemmt aus. Der Räuber reguliert die Anzahl der Beutetiere, er ist der Regulator des Regelungssystems.

M 4 Ein neues Lebewesen im Beziehungsgefüge: Die Schlupfwespe

Abb. 1: Beziehungsgefüge Specht, Fichte, Fichtenborkenkäfer und Schlupfwespe

Aufgabe 1:
Übertrage in die Abbildung die bereits bekannten Beziehungen zwischen Fichte, Borkenkäfer und Buntspecht.
Verwende dabei folgende Pfeile: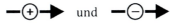

Aufgabe 2:
Lies den folgenden Informationstext. Überlege dann, welche Auswirkung die Anwesenheit der Schlupfwespe auf die Populationsdichten der Fichten, Borkenkäfer und Buntspechte hat und trage sie mit den oben dargestellten Pfeilen in die Abbildung ein.

In Deutschland kommen über 10000 verschiedene Schlupfwespen-Arten vor. Allen Arten ist gemeinsam, dass sie einen so genannten Legebohrer besitzen. Mit diesem können sie die Larven oder Puppen von Käfern anstechen und ihr Ei hinein legen. Das Schlupfwespen-Ei entwickelt sich im Körper der Larve oder Puppe zu einer neuen Schlupfwespe, was zum Tod der befallenen Larven oder Puppen führt.

Aufgabe 3:
Beschreibe welche Auswirkungen ein massenhaftes Auftreten von Schlupfwespen auf Fichte, Borkenkäfer und Buntspecht hätte.

Zu Aufgabe 1 und 2:

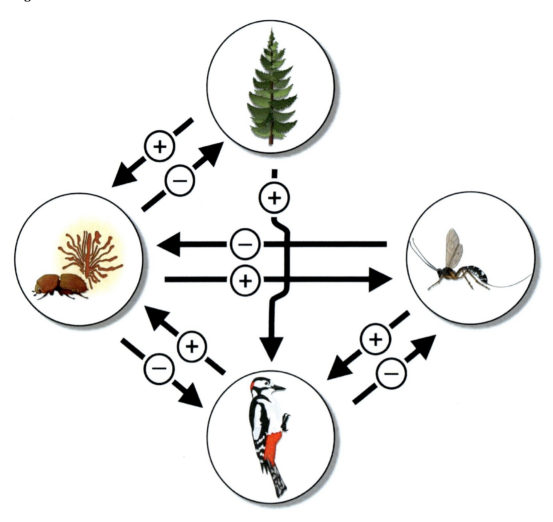

Abb. 2: Beziehungsgefüge Specht, Fichte, Fichtenborkenkäfer und Schlupfwespe

Aufgabe 3:
Beschreibe welche Auswirkungen ein massenhaftes Auftreten von Schlupfwespen auf Fichte, Borkenkäfer und Buntspecht hätte.

Ein direkter Einfluss der Schlupfwespen auf die Fichte besteht nicht. Da ein vermehrtes Auftreten von Schlupfwespen die Anzahl der Borkenkäfer reduziert, sinkt die Zahl der geschädigten Fichten.
Durch die verminderte Anzahl der Borkenkäfer fehlt der Spechtpopulation ein Teil ihrer Nahrung. Während die große Anzahl an Schlupfwespen dem Specht als Nahrung dienen könnte und diesen Verlust eventuell ausgleicht. Dies hätte zur Folge, dass die Zahl der lebenden Schlupfwespen abnimmt. Somit sinkt der Druck auf die Borkenkäferpopulation usw. ...

Erwartungshorizont

Nr.	Erwartete Schülerleistung	F	E	K	B	AFB
M1	1. SuS stellen Specht, Fichte und Fichtenborkenkäfer in einer Nahrungskette dar.	x				I
M2	1. SuS vervollständigen das Koordinatensystem.	x				I
	2. SuS beschreiben die Veränderungen der Borkenkäfer und Buntspechtpopulationen mit Hilfe eines Diagramms.	x	x			II
M3	1. SuS beschreiben die Beziehungen zwischen Specht, Fichtenborkenkäfer und Fichte mit Hilfe eines Pfeildiagramms.	x		x		I
	2. SuS erklären die Beziehung zwischen Fichte und Specht.	x		x		II
M4	1. SuS vervollständigen ein Pfeildiagramm zum Beziehungsgefüge zwischen Fichte, Borkenkäfer und Buntspecht.	x		x		I
	2. SuS beschreiben die Auswirkung der Anwesenheit von Schlupfwespen auf die Populationsdichten von Fichten, Borkenkäfern und Buntspechten mit Hilfe eines Pfeildiagramms.	x		x		II
	3. SuS erklären die Auswirkungen eines massenhaften Auftretens von Schlupfwespen auf ein bestehendes Beziehungsgefüge.	x		x		III

*Anforderungsbereiche I (Reproduktion), II (Reorganisation), III (Transfer)

Alternative

		F	E	K	B	AFB
Spiel	1. SuS werten die Ergebnisse des Spiels aus und stellen die Beziehungen der Lebewesen untereinander dar.	x	x			III
	2. SuS beschreiben die Beziehung zwischen Specht, Fichtenborkenkäfer und Fichte mit Hilfe eines Pfeildiagramms.	x				I
	3. SuS erklären die Beziehung zwischen den Populationen von Fichte und Specht.	x		x		II

Anmerkungen der Autoren zum Einsatz der Aufgabe

Alternativ zu der Partnerarbeit in M2 und dem Arbeitsblatt M3 kann ein Spiel eingesetzt werden, indem die Populationsveränderungen von Specht und Borkenkäfer anschaulich ermittelt werden.

Spiel:

Material: 1 Spielbrett (6x6 Felder)
30 Spielkärtchen (Vorderseite: 1Specht, Rückseite 2 Borkenkäfer)
ein weißer und ein Schwarzer Würfel

Durchführung:
Ein Spieler vertritt die Spechte, der andere Spieler die Fichtenborkenkäfer.
15 Felder des Spielbrettes werden mit Spielkärtchen belegt. (Der Specht würfelt mit einem Würfel. Die gewürfelte Augenzahl entspricht der Anzahl der Karten, die den Specht zeigen!)
Es wird mit beiden Würfeln gleichzeitig gewürfelt, wobei der weiße Würfel die Position auf der X-Achse, der schwarze Würfel die Position auf der Y-Achse angibt.

Spielregeln:

Der „Specht-Spieler" würfelt und besetzt......	Der „Fichtenborkenkäfer-Spieler" würfelt und besetzt ......
... ein **leeres** Feld, so **verliert** er ein Spielkärtchen	... ein **leeres** Feld, so **bekommt** er ein Spielkärtchen dazu
... sein **eigenes** Feld, so dreht er seine Spechtkarte herum (zwei Borkenkäfer erscheinen)	... sein **eigenes** Feld, so **bekommt** er ein Spielkärtchen dazu (Spielkärtchen wird auf angrenzendes Feld gelegt)
... ein Feld, auf dem sich ein Spielkärtchen mit Borkenkäfern befinden, dreht er das Spielkärtchen um (ein Specht erscheint)	... ein Feld, auf dem sich ein Spielkärtchen mit einem Specht befindet, werden die Käfer gefressen und die Spielkarte wird entfernt.

Sämtliche hier dargestellten Materialien inklusive Spielplan und Spielkarten stehen für Sie im Internet unter
http://www.uni-due.de/biologiedidaktik/
zum Download und Ausdrucken bereit.

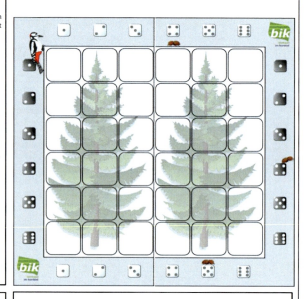

In welcher Beziehung stehen Specht und Fichtenborkenkäfer?

_____   _____
_____   _____
_____   _____
_____   _____
_____   _____
_____   _____
_____   _____
_____   _____

Um die Beziehung zwischen den beiden Lebewesen verstehen zu können, bearbeite folgende Aufgaben:

Aufgabe 1
a) Spiele mit einer Partnerin / einem Partner das Spiel.
b) Trage die Anzahl der Tiere in die vorgegebene Tabelle.
c) Formuliere allgemein gültige Sätze, die sich aus der Anzahl Specht zu Fichtenborkenkäfer oder umgekehrt ergeben und trage sie oben ein.
(Beginne mit: Je mehr ....)

Die folgende Abbildung 01 zeigt dir nun die Beziehung zwischen Specht, Fichtenborkenkäfer und Fichte.

Abb. 01

Aufgabe 2
Formuliere die entsprechenden Sätze für die Pfeile 1,2 bis 5.

Aufgabe 3
Diskutiere mit deinem Nachbarn, warum in der Abbildung kein Pfeil 6 (Einfluss der Spechte auf die Fichten) eingezeichnet ist.

Tabelle: Specht – Fichtenborkenkäfer – Beziehung

Anzahl der Würfe	Anzahl der Spechte	Anzahl der Fichtenborkenkäfer
0		
1		
2		
3		
4		
5		
6		
7		
8		
9		
10		
11		
12		
13		
14		
15		
16		
17		
18		
19		
20		
21		
22		
23		
24		
25		

Nicht zu viel und nicht zu wenig: Ernährung vor dem Sportunterricht

S. Elfgen, D. Nixdorf, M. Rögels, S. Wenning

Thema	Nicht zu viel und nicht zu wenig: Ernährung vor dem Sportunterricht Auswirkungen von Ernährungsgewohnheiten auf die Leistungsfähigkeit im Sportunterricht

Kontext	*Erkennen und reagieren: Nicht zu viel und nicht zu wenig: Zucker im Blut, Blutzuckerregulation anhand eines alltagsrelevanten Beispiels kommunizieren und diskutieren*

Basiskonzept(e)	Struktur und Funktion, System

Kompetenzen	Die Schülerinnen und Schüler...
Fachwissen	- **erklären** die Wirkungsweise der Hormone bei der Regulation zentraler Körperfunktionen am Beispiel Diabetes mellitus und Sexualhormone (Sexualerziehung).
	- **stellen** das Zusammenwirken von Organen und Organsystemen beim Informationsaustausch **dar**, u.a. bei einem Sinnesorgan und bei einer hormonellen Steuerung.
Kommunikation	- **interpretieren** Daten, Trends, Strukturen und Beziehungen, **erklären** diese und ziehen geeignete Schlussfolgerungen.
	- **nutzen** Modelle und Modellvorstellungen zur Analyse von Wechselwirkung, Bearbeitung, Erklärung und Beurteilung biologischer Fragestellungen und Zusammenhänge.
Erkenntnisgewinnung	- **tauschen** sich über biologische Erkenntnisse und deren gesellschafts- oder alltagsrelevanten Anwendungen unter angemessener Verwendung der Fachsprache und fachtypischer Darstellungen **aus**.
	- **veranschaulichen** Daten angemessen mit sprachlichen und bildlichen Gestaltungsmitteln
	- **beschreiben** und **erklären** in strukturierter sprachlicher Darstellung den Bedeutungsgehalt von fachsprachlichen bzw. alltagssprachlichen Texten und von anderen Medien.
Bewertung	- (**beurteilen** Maßnahmen und Verhaltensweisen zur Erhaltung der eigenen Gesundheit und zur sozialen Verantwortung.)

Jahrgangsstufe	9

Unterrichtsphase	Die vorliegenden Materialien sind in einer Unterrichtsreihe einzusetzen.

Tipps für den Unterricht: Nicht zu viel und nicht zu wenig: Ernährung vor dem Sportunterricht

Anliegen der Lernaufgabe ist es, an einem zunächst alltäglichen Beispiel Zusammenhänge zwischen körperlicher Belastung, Ernährung und Blutzuckerspiegel zu erarbeiten und in Form von Pfeildiagrammen/Kreisdiagrammen zu visualisieren. In einem zweiten Schritt können die erworbenen Kenntnisse auf Störungen in der Blutzuckerregulation (Diabetes Typ I und II) übertragen werden.

Einstieg: Der Einstieg erfolgt über eine Folie mit Konzeptcartoon zum Abrufen von Vorwissen zu Ernährung und Sport. Die Schüler und Schülerinnen äußern sich zu den Aussagen. Alternativ könnte auch Werbung für Sportdrink oder besondere Powerriegel oder Empfehlungen für die Ernährung vor Wettkämpfen (z.B. Kanusport, Marathon) als Diskussionsanlass gewählt werden.

Problematisierung: Hier sollen Vorstellungen der Schülerinnen und Schüler zu vermuteten Zusammenhängen zwischen körperlichen Aktivitäten und Ernährung gesammelt werden (Vorwissen aktivieren und vermuten; informieren, erklären). Da die Zusammenhänge vielfältig und multifaktoriell zu sehen sind, wird hier eine Schwerpunktsetzung vorgenommen. Es sollen Zusammenhänge von kohlenhydrathaltiger Ernährung und Blutzuckerspiegel im Mittelpunkt stehen und erste Schlussfolgerungen zur Leistungsfähigkeit bei einer Ausdauerbelastung gezogen werden.

> **M Einstieg – Nicht zu viel und nicht zu wenig: Ernährung vor dem Sportunterricht**
> **M Einstieg – Vermuten – Informieren – Erklären: Muster für das Ergebnisprotokoll**

Die **Erarbeitung** ist in drei Schritte gegliedert:
1. Woher kommt die Energie für die Bewegung – Informieren
2. Was passiert im Körper, wenn wir Nahrung zu uns nehmen? – Verarbeiten der Informationen durch Visualisierung und Versprachlichung in 2 Gruppen (zusätzlich mit jeweils 2 Schwierigkeitsniveaus)
3. Blutzuckerregulation im Überblick – Sicherung durch Lückentext und Pfeildiagramm

Die SuS erarbeiten die Materialien auf zwei Weisen:
- *Gruppe 1:* Visualisierung: Umsetzung eines Textes in ein einfaches Schaubild (Struktur- bzw. Wirkdiagramm) in Form eines Pfeildiagramms.
- *Gruppe 2:* Versprachlichen von Diagrammen: Umsetzung eines Wirkdiagramms in einen Text.
- *Partnerarbeit:* Es folgt ein Austausch der Ergebnisse in Partnerarbeit (Partnercheck). Dabei kontrollieren die SuS selbständig ihre Ergebnisse durch den gegenseitigen Vortrag.

Die Aufgabe schließt ab mit einer Auswertung der Ergebnisse im Tandem und dem Rückbezug zum Ausgangsfall. Die Jugendlichen können eine begründete Einschätzung der zu Beginn genannten Ernährungsgewohnheiten vornehmen. Fachinhaltlich wird der Begriff der Regulation eingeführt.

Vertiefung und Problematisierung: Sachbezogene Beurteilung des geschilderten Verhaltens mit Hilfe eines erweiterten Pfeildiagramms (Regelkreis).

> **M 1:** Woher kommt die Energie für die Bewegung?
> **M 2a:** Gruppe 1 - Infotext
> **M 2a:** Gruppe 1 – Pfeildiagrammraster
> **M 2a:** Gruppe 1 – Hilfekärtchen
> **M 2b:** Gruppe 2 – Schwierigkeitsniveau 1 - Pfeildiagramm
> **M 2b:** Gruppe 2 – Schwierigkeitsniveau 2 – Pfeildiagramm
> **M 2b:** Gruppe 2 – Pfeildiagrammraster
> **M 2c:** beide Gruppen – Auswertung in Partnerarbeit
> **M 2d:** Ergebniskontrolle
> **M 3:** Blutzuckerregulation im Überblick: Sicherung

Vertiefung und **Transfer** anhand von zwei Fallbeispielen:
> **M 4:** Übertragung auf Beispiele einer gestörten Blutzuckerregulation bei Diabetes I und II
> **M 5:** Übung zur Anwendung

Einstieg Nicht zu viel – nicht zu wenig: Ernährung vor dem Sportunterricht

Paul, Anna und Lena ziehen sich gerade für den Nachmittagssportunterricht um. Alle drei sind gut trainiert, fit und wollen bei dem angekündigten Ausdauertest gut abschneiden. Das letzte Mal musste ein Mitschüler – Tobias – eigentlich der Beste der Klasse – den Ausdauertest frühzeitig abbrechen, er fühlte sich einfach zu schlapp, konnte nicht mehr. *Der Sportlehrer meinte, Tobias habe eine typische Leistungsschwäche, einen „Hungerast" bekommen*, und das wäre vermeidbar! Die drei diskutieren darüber:

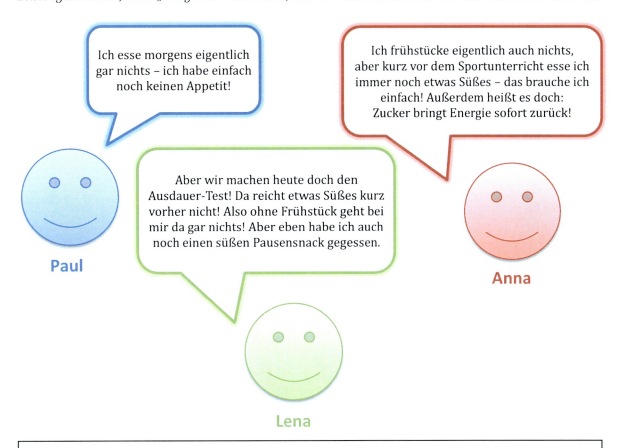

Paul: Ich esse morgens eigentlich gar nichts – ich habe einfach noch keinen Appetit!

Anna: Ich frühstücke eigentlich auch nichts, aber kurz vor dem Sportunterricht esse ich immer noch etwas Süßes – das brauche ich einfach! Außerdem heißt es doch: Zucker bringt Energie sofort zurück!

Lena: Aber wir machen heute doch den Ausdauer-Test! Da reicht etwas Süßes kurz vorher nicht! Also ohne Frühstück geht bei mir da gar nichts! Aber eben habe ich auch noch einen süßen Pausensnack gegessen.

Aufgabe:

Entscheide, wie sich das unterschiedliche Ernährungsverhalten auf die Leistungsfähigkeit auswirkt und entwickelt mit Hilfe der Materialien eine begründete Erklärung, wer von den drei Jugendlichen am ehesten in Gefahr ist, eine Leistungsschwäche (Hungerast) am Ende des Ausdauertrainings zu erleiden.

Ergebnispräsentation:
Schreibt für die (fiktive) Website: „Fit und erfolgreich im Schulsport" eine Erklärung der Zusammenhänge von Ernährung und Leistungsfähigkeit und eine Empfehlung für das eigene Ernährungsverhalten.

Einstieg Vermuten – Informieren - Erklären

Muster für das Ergebnisprotokoll

VERMUTEN:
Schreibt eure Vermutungen zu den Zusammenhängen zwischen Ernährungsgewohnheiten und Leistungsfähigkeit auf.

INFORMIEREN M1 UND M2
(Woher stammt die Energie für die Bewegung? Was geschieht im Körper, wenn wir Nahrung aufnehmen und uns bewegen?)

ERKLÄREN:
Ergebnisse aus M1

Ergebnisse aus M2

Zusammenfassung und Forumsbeitrag

M 1 Woher kommt die Energie für die Bewegung?

Die Zellen des Körpers benötigen für jeden Stoffwechselvorgang einen Energieträger. Der wichtigste Energieträger ist die Glukose, der Traubenzucker. Wenn du kohlenhydrathaltige Nahrung (z.B. Nudeln, Müsli, Süßigkeiten, Brot) zu dir nimmst, wird diese im Darm in ihre Einzelbausteine, u.a. die Glukose, zerlegt. Die Einzelbausteine werden ins Blut aufgenommen.

Die Glukose ist nun im Blut gelöst. Die Konzentration der gelösten Glukose im Blut bezeichnet man als Blutzuckerspiegel. Misst man bei einem Menschen, der längere Zeit nichts gegessen hat (nüchtern ist), den Blutzuckerspiegel, so liegt er bei gesunden Menschen bei etwa 1 g/l (= 110 mg/100ml) Blut.

Da alle Organe (z.B. Gehirn, Herz, Muskeln) ständig auf Energie angewiesen sind, muss Glukose laufend zur Verfügung stehen. Bei einer durchschnittlichen Blutmenge von 6 l beträgt die verfügbare Energiereserve ca. 6 g Glukose. Damit kommt ein leicht körperlich arbeitender Mensch nur 30 – 40 Minuten aus.

Die im Blut gelösten Glukosemoleküle müssen letztlich in die Zellen der einzelnen Organe gelangen, um hier die Energie bereitstellen zu können. Hierzu ist das Hormon Insulin notwendig. Zellen in der Bauchspeicheldrüse nehmen Glukose wahr und geben Insulin ab. Über das Blut gelangt Insulin zu den Zellen der Muskeln, der Leber und auch des Fettgewebes. Hier sorgt es dafür, dass die Zellen Glukose aufnehmen können. Dabei funktioniert Insulin wie ein Schlüssel: Es dockt an bestimmte Stellen in den Zellen an und macht die Zellmembran durchlässig für Glukosemoleküle. Diese können somit in die Zellen gelangen. Das Gehirn braucht zur Arbeit besonders viel Glukose. Die Nervenzellen des Gehirns sind nicht auf die Türöffnerfunktion des Insulins angewiesen, hier kann Glukose direkt von den Zellen aufgenommen werden.

Wenn du mit der Nahrung mehr Glukose aufnimmst, als du verbrauchen kannst, so speichert der Körper die Glukose in der Leber. Dort werden die Glukosemoleküle zu dem Reservestoff Glykogen aufgebaut. Wenn wir einen großen Überschuss an Glukose aufnehmen, wandelt der Körper Kohlenhydrate in Fette um und speichert diese in Fettzellen, unserer größten Energiereserve.

Aufgaben

1. Beschrifte die Organe mit Hilfe des Textes in beiden Abbildungen. Mache dir dabei die Lage der Organe klar.
2. Stelle die Zusammenhänge zwischen Nahrungsaufnahme und Versorgung der Organe mit (beschrifteten) Pfeilen dar.

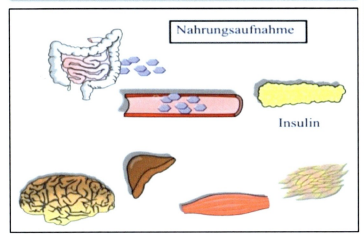

Abb. 1: Organe des Menschen

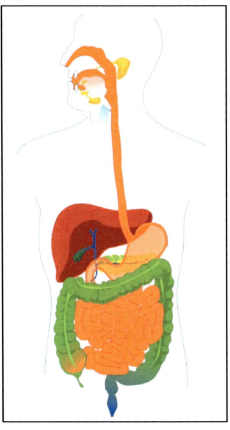

Abb 2: Verdauungssystem

M 2a Gruppe 1 – Informationstext:
Ernährungsgewohnheiten vor Ausdauerleistung – Was passiert im Körper?

Informationstext: Die Wirkung von äußeren Einflüssen auf den Blutzuckerspiegel

Als Blutzuckerspiegel bezeichnet man die Glukosekonzentration, die sich in deinem Blut befindet (Normalwert ca. 1g/l (100 mg/100 ml)Blut). Deine Zellen benötigen – wie du schon weißt – Glukose, um die notwendige Energie zu erhalten. Ohne Glukose können Stoffwechselprozesse in deinen Zellen nicht ablaufen, du kannst ohne Glukose nicht denken, dich nicht konzentrieren und dich natürlich auch nicht bewegen. Denn gerade zur Bewegung brauchen wir Energie. Die Glukose als Energieträger muss in die Zellen gelangen. Mit Hilfe des Hormons Insulin können Organe, z.B. Muskeln, Leber und Fettzellen, Glukose ins Zellinnere transportieren.

Wenn du kohlenhydrathaltige Nahrung zu dir nimmst, z.B. Brot, Süßigkeiten usw., dann steigt der Blutzuckerspiegel auf einen Wert über 100mg/100 ml Blut. Die Bauchspeicheldrüse gibt daraufhin Insulin ins Blut ab. Dadurch werden die Leber- und Muskelzellen angeregt, Glukose aufzunehmen. Diese Glukose verwerten die Zellen, um die in ihr gespeicherte Energie in Bewegungsenergie umzuwandeln. Der Glukosespiegel im Blut sinkt dadurch natürlich schnell. Außerdem wird überschüssige Glukose aus der Nahrung in der Leber und z.T. auch im Muskel als Glykogen (Reservestoff) gespeichert. Glukose kann – wenn sie reichlich vorhanden ist – auch von Fettzellen aufgenommen und zu Fetten umgewandelt werden.

Wenn der Blutzuckerspiegel zwischen den Mahlzeiten unter Werte von 100mg/100ml Blut fällt, z.B. durch Fasten oder durch Bewegung und Sport, dann schüttet die Bauchspeicheldrüse das Hormon Glukagon ins Blut aus. Dieses Hormon bewirkt, dass Glykogen aus den Muskeln und der Leber in Glukose umgewandelt und ins Blut abgegeben wird. Der Blutzuckerspiegel steigt wieder. Dadurch wird in der Folge weniger Glukagon aus der Bauchspeicheldrüse abgegeben.

Steigt nun der Blutzuckerspiegel wieder auf mehr als 100mg/100ml, schüttet die Bauchspeicheldrüse wieder vermehrt Insulin aus. Normalerweise bleibt durch diese Abläufe der Blutzuckerspiegel – egal, ob wir etwas essen oder uns bewegen, konstant. Er wird reguliert. Allerdings kann Glykogen nur in begrenzter Menge im Körper gespeichert werden.

Anregungen zur Texterarbeitung:

1. Lies den Text aufmerksam und markiere alle genannten Organe, die mit der Regulation des Blutzuckerspiegels zu tun haben, mit einer Farbe (z.B. gelb).
2. Markiere die beteiligten Hormone und ihre Wirkung mit einer anderen Farbe (z.B. grün).
3. Fülle die Kästchen im Pfeildiagramm mit Hilfe des Textes aus.
4. Bereite dich darauf vor, deinem Tandempartner die Wirkung von Nahrungsaufnahme auf den Blutzuckerspiegel zu erklären. Beginne deinen Kurzvortrag mit dem äußeren Einfluss auf die Stoffwechselabläufe im Körper (hier: mit dem Pfeil „Nahrungszufuhr").
5. Ob du alles richtig gemacht hast, erfährst du, wenn du deine Ergebnisse mit einem Tandempartner austauschst.

(Falls du Hilfe brauchst: Hilfekärtchen findest du auf dem Lehrerpult)

M 2a Gruppe 1 – Pfeildiagrammraster:
Auswirkungen von Nahrungsaufnahme auf den Blutzuckerspiegel

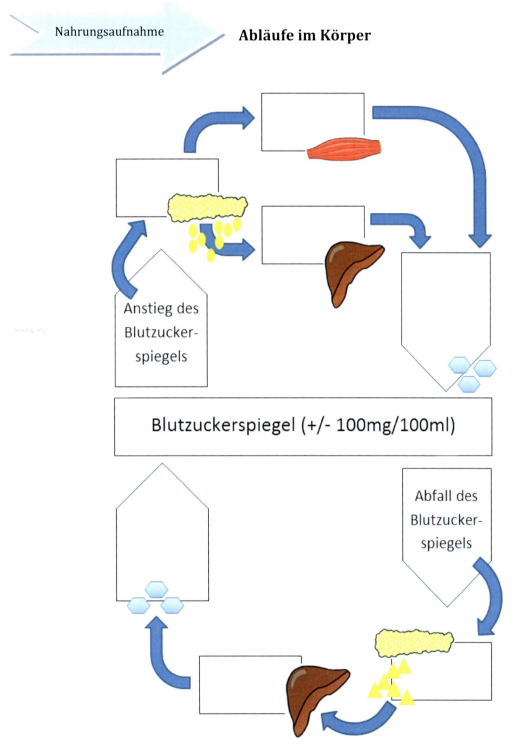

Abb. 3: Auswirkungen von Nahrungsaufnahme auf den Blutzuckerspiegel

M 2a Gruppe 1 - Hilfekärtchen zum Ausschneiden und Auslegen
Ernährungsgewohnheiten vor Ausdauerleistung – Was passiert im Körper?

- Die Zellen der Bauchspeicheldrüse geben Insulin ins Blut ab.
- Die Muskelzellen nehmen Glukose auf.
- WIRKUNG: Der Blutzuckerspiegel steigt.
- Die Zellen der Bauchspeicheldrüse geben Glukagon in das Blut ab.
- Die Leberzellen nehmen Glukose auf und speichern sie als Glykogen.
- Die Leberzellen bauen Glykogen zu Glukose ab. Die Glukose tritt ins Blut über.
- WIRKUNG: Der Blutzuckerspiegel sinkt.

M 2b Gruppe 2 – Schwierigkeitsniveau 1
Pfeildiagramm zur Wirkung von Nahrungszufuhr auf den Blutzuckerspiegel

Anregungen zur Auswertung des Pfeildiagramms:

1. Verschaffe dir einen genauen Überblick über das Pfeildiagramm.
2. Werte das Pfeildiagramm schrittweise aus und erkläre dir jeden einzelnen Schritt mit Hilfe der beschrifteten Karten. Beginne mit der Nahrungszufuhr (z.B. durch das Frühstück).
3. Ergänze dann den Lückentext zu einem vollständigen Informationstext.
4. Bereite dich darauf vor, deinem Tandempartner die Wirkung von Nahrungsaufnahme auf den Blutzuckerspiegel zu erklären. Beginne deinen Kurzvortrag mit einem äußeren Einfluss auf die Stoffwechselabläufe im Körper (hier: „Nahrungszufuhr").
5. Ob alles richtig ist, erfährst du, wenn du mit deinem Tandempartner die Ergebnisse vergleichst.

Karten zur Beschriftung --

| A Die Zellen der Bauchspeicheldrüse geben Insulin ins Blut ab. | B Die Muskelzellen nehmen Glukose auf. Die Glukose wird zur Bewegung genutzt. | C Die Leberzellen nehmen Glukose auf und speichern sie als Glykogen. | D WIRKUNG Der Blutzuckerspiegel sinkt. | G WIRKUNG Der Blutzuckerspiegel steigt. |

| E Die Zellen der Bauchspeicheldrüse geben Glukagon in das Blut ab. | F Die Leberzellen bauen Glykogen zu Glukose ab. Die Glukose tritt ins Blut über. |

Lückentext: Die Wirkung von äußeren Einflüssen auf den Blutzuckerspiegel

Als Blutzuckerspiegel bezeichnet man die Glukosekonzentration, die sich in deinem Blut befindet (Normalwert ca. 100mg Glukose/100ml Blut). Deine Zellen benötigen Glukose, um _____ zu erhalten. Ohne Glukose können Stoffwechselprozesse in deinen Zellen nicht ablaufen, du kannst ohne Glukose nicht denken, dich nicht konzentrieren und dich natürlich auch nicht bewegen. Denn gerade zur Bewegung brauchen wir Energie. Die Glukose als Energieträger muss in die Zellen gelangen. Mit Hilfe des Hormons _____ können Organe, z.B. Muskeln, Leber und Fettzellen Glukose ins Zellinnere transportieren.

Wenn du kohlenhydrathaltige Nahrung zu dir nimmst, z.B. Brot, Süßigkeiten usw., dann _____ der Blutzuckerspiegel. Die Bauchspeicheldrüse gibt daraufhin _____ ins Blut ab. Dadurch _____ angeregt, Glukose aufzunehmen. Diese Glukose verwerten die Zellen, um die in ihr gespeicherte Energie in Bewegungsenergie umzuwandeln. Der Glukosespiegel im Blut _____ dadurch natürlich schnell. Außerdem wird _____ aus der Nahrung in der Leber und z.T. auch im Muskel als Glykogen (Reservestoff) gespeichert. Das Glykogen kann in Zeiten von Glukosemangel wieder in Glukose zurückverwandelt und _____ abgegeben werden. Das wird durch das Hormon _____ bewirkt, das von der Bauchspeicheldrüse abgegeben wird, wenn der Blutzuckerspiegel sinkt. Dadurch _____ der Blutzuckerspiegel wieder an.
Glukose kann – wenn sie reichlich vorhanden ist - auch von Fettzellen aufgenommen und zu Fetten umgewandelt werden.

Wenn der Blutzuckerspiegel zwischen den Mahlzeiten unter Werte von 80-100mg/100ml Blut fällt, z.B. durch Fasten oder durch Bewegung und Sport, dann schüttet die Bauchspeicheldrüse das Hormon _____ ins Blut aus. Dieses Hormon bewirkt, dass Glykogen aus den Muskeln und der Leber in _____ umgewandelt und ins Blut abgegeben wird. Der Blutzuckerspiegel _____ wieder. Dadurch wird in der Folge weniger Glukagon aus der Bauchspeicheldrüse abgegeben.

Steigt nun der Blutzuckerspiegel wieder auf mehr als 100-120 mg/100ml, schüttet die Bauchspeicheldrüse wieder vermehrt _____ aus. Normalerweise bleibt durch diese Abläufe der Blutzuckerspiegel – egal, ob wir etwas essen oder uns bewegen, konstant. Er wird reguliert. Allerdings kann Glykogen nur in begrenzter Menge im Körper gespeichert werden.

M 2b Gruppe 2 – Schwierigkeitsniveau 2
Pfeildiagramm zur Wirkung von Nahrungszufuhr auf den Blutzuckerspiegel

Anregungen zur Auswertung des Pfeildiagramms:

1. Verschaffe dir einen genauen Überblick über das Pfeildiagramm.
2. Werte das Pfeildiagramm schrittweise aus und erkläre dir jeden einzelnen Schritt mit Hilfe der beschrifteten Karten. Beginne mit der Nahrungszufuhr (z.B. durch das Frühstück).
3. Ergänze dann den angefangenen Text zu einem vollständigen Informationstext über die Abläufe im Körper.
4. Bereite dich darauf vor, deinem Tandempartner die Wirkung von Nahrungsaufnahme auf den Blutzuckerspiegel zu erklären. Beginne deinen Kurzvortrag mit einem äußeren Einfluss auf die Stoffwechselabläufe im Körper (hier: „Nahrungszufuhr").
5. Ob alles richtig ist, erfährst du, wenn du mit deinem Tandempartner die Ergebnisse vergleichst.

Karten zur Beschriftung

- A Die Zellen der Bauchspeicheldrüse geben Insulin ins Blut ab.
- B Die Muskelzellen nehmen Glukose auf. Die Glukose wird zur Bewegung genutzt.
- C Die Leberzellen nehmen Glukose auf und speichern sie als Glykogen.
- D WIRKUNG Der Blutzuckerspiegel sinkt.
- G WIRKUNG Der Blutzuckerspiegel steigt.
- E Die Zellen der Bauchspeicheldrüse geben Glukagon in das Blut ab.
- F Die Leberzellen bauen Glykogen zu Glukose ab. Die Glukose tritt ins Blut über.

Setze den Text mit Hilfe des Pfeildiagramms fort:

Informationstext: Die Wirkung von äußeren Einflüssen auf den Blutzuckerspiegel

Als Blutzuckerspiegel bezeichnet man die Glukosekonzentration, die sich in deinem Blut befindet (Normalwert ca. 100mg Glukose/100ml Blut). Deine Zellen benötigen Glukose, um die notwendige Energie zu erhalten. Ohne Glukose können Stoffwechselprozesse in deinen Zellen nicht ablaufen, du kannst ohne Glukose nicht denken, dich nicht konzentrieren und dich natürlich auch nicht bewegen. Denn gerade zur Bewegung brauchen wir Energie. Die Glukose als Energieträger muss in die Zellen gelangen. Mit Hilfe des Hormons Insulin können Organe, z.B. Muskeln, Leber und Fettzellen Glukose ins Zellinnere transportieren.

Wenn du kohlenhydrathaltige Nahrung zu dir nimmst, z.B. Brot, Süßigkeiten usw. ...

M 2b Gruppe 2 - Pfeildiagrammraster
Auswirkungen von Nahrungsaufnahme auf den Blutzuckerspiegel

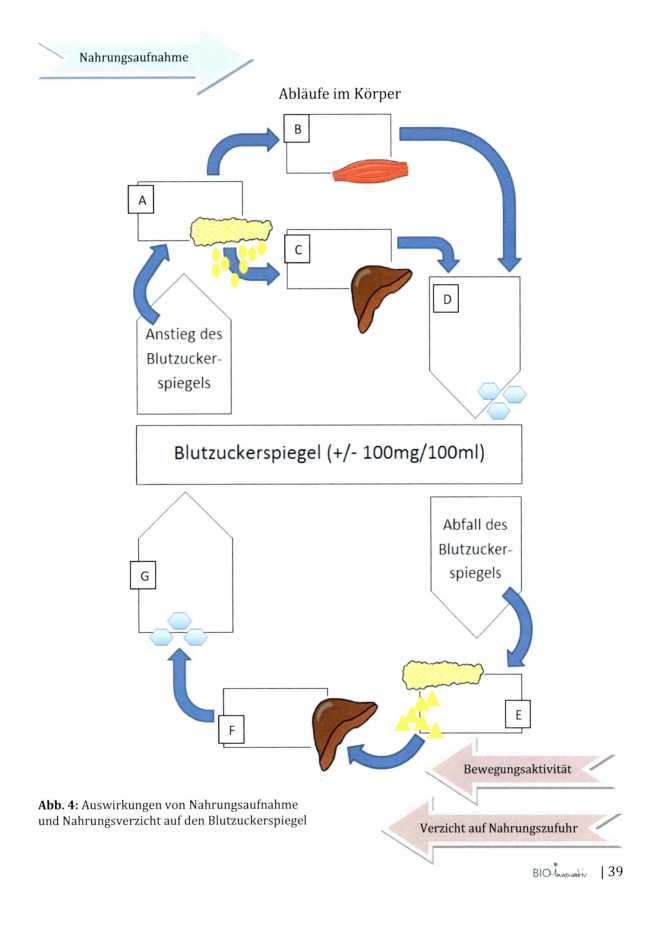

Abb. 4: Auswirkungen von Nahrungsaufnahme und Nahrungsverzicht auf den Blutzuckerspiegel

M 2c Auswertung (Gruppe 1 und Gruppe 2) in Partnerarbeit
Ernährungsgewohnheiten vor Ausdauerleistung –Was passiert im Körper?

Einflüsse von Nahrungszufuhr und Bewegungsaktivität auf den Blutzuckerspiegel

Arbeit mit dem Partner (Tandem) – Diskussion der Ergebnisse:

1. Stellt euch eure Ergebnisse gegenseitig mit Hilfe des Pfeildiagramms vor. Es beginnt der Partner aus der Gruppe 1. Vergleicht die Ergebnisse und besprecht mögliche Unklarheiten. Tragt die Ergebnisse in den Protokollbogen ein.

2. Was bedeutet „Regulation"? Schreibt euer Ergebnis in den Protokollbogen.

3. Spielt Ernährung bei Selbstregulation überhaupt eine Rolle? Klärt und diskutiert dann: Welche möglichen Auswirkungen haben die Ernährungsgewohnheiten von Paul, Anna und Lena auf den Blutzuckerspiegel? Nutzt dazu das Pfeildiagramm.

   Vertiefungsaufgabe: Versucht eine Vorhersage für den Blutzuckerspiegel von Lena zu machen. Tragt mögliche Messwerte in das Diagramm unten ein. Zum Zeitpunkt 0 hat sie den Blutzuckerwert von etwa 100mg/100ml Glukose.

4. Trefft eine begründete Vorhersage, wer von den Dreien bei der Ausdauerbelastung vermutlich am ehesten schlapp macht. Ob ihr richtig mit eurer Vorhersage liegt, könnt ihr einer Veröffentlichung des IOC (Internationales olympisches Komitee) über Ausdauer beim Sport (Info 1) entnehmen.

5. Schreibt nun euren Forumsbeitrag. Achtet auf die fachliche Richtigkeit, den Adressatenbezug (für wen schreibt ihr den Forumsbeitrag?), die Verständlichkeit, den roten Faden.

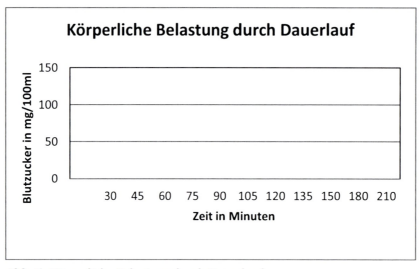

Abb. 5: Körperliche Belastung durch Dauerlauf

M 2d Ergebniskontrolle
Ernährungsgewohnheiten vor Ausdauerleistung – Was passiert im Körper?

Information 1

Grenzen der Energieversorgung bei Ausdauerbelastungen (IOC)

Normalerweise bleibt der Blutzuckerspiegel – egal, ob wir etwas essen oder uns bewegen, konstant. Er wird reguliert. Bei sehr intensiven Belastungen und ungünstigen Ernährungsgewohnheiten sind allerdings die Glykogenspeicher im Muskel und in der Leber nach ca. 1-1,5 Stunden entleert. Der Blutzuckerspiegel sinkt, und man bekommt einen oft sehr rasch eintretenden Leistungseinbruch (im Sport auch ´Hungerast´ genannt). Die Begleiterscheinungen können sein: starkes Hungergefühl, Schwindel, Muskelschwäche, kalter Schweiß, Händezittern. Der Organismus muss nahezu vollständig auf Fettverbrennung umsteigen. Das Tempo muss dann deutlich gesenkt werden, da der Fettstoffwechsel deutlich langsamer abläuft. Dieser Zustand tritt aber umso seltener auf, je besser der Ausdauertrainingszustand ist und je sinnvoller man sich vor hohen Belastungen ernährt. Durch kohlenhydratreiche Nahrung nach dem Training und 1-2 Stunden vor dem Training bleiben die Glykogenspeicher gut aufgefüllt. Kurzzeitige Zufuhr von Süßem – ohne gut aufgefüllte Glykogenspeicher in Muskeln und Leber kann zur kurzfristigen Unterzuckerung und damit ebenfalls einem Leistungstief führen.

Nicht zu viel und nicht zu wenig: Ein zu hoher und ein zu niedriger Blutzuckerspiegel haben schädliche Folgen. Sinkt der Blutzuckerspiegel unter **60 mg**/100ml Blut, so droht eine Unterzuckerung (Hypoglykämie): die Betroffenen haben Heißhunger, spüren eine innere Unruhe, fühlen sich schlapp. Bei sportlicher Betätigung erleben sie ein Leistungstief, einen „Hungerast". Nach Nahrungsaufnahme steigt der Blutzucker bei Gesunden auch schon mal bis 180 mg/100ml Blut an. Bei Werten darüber spricht man von Hyperglykämie. Steigt der Blutzuckerspiegel **dauerhaft** über **125 mg**/100ml Glukose (nüchtern), so werden auf längere Zeit die feinen Kapillaren (Haargefäße) in den Organen geschädigt. Bei einer Überzuckerung von über 250 mg/100ml Glukose droht ein Zuckerkoma.

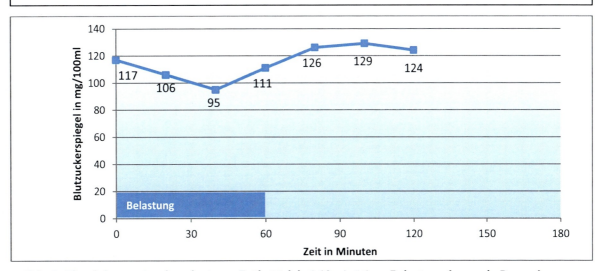

Abb. 6: Blutglukosespiegel nach einem Frühstück bei 60minütiger Belastung (gesunde Person)
Drei Stunden vor der Belastung wurde eine Mahlzeit (Frühstück) eingenommen: 440 Kcal (56 g KH; 12 g Fett; 28 g E). Belastung: 60 Minuten sportliche Übung: Hier Fahrradergometer

| M 3 | **Sicherung**
Blutzuckerregulation im Überblick |

Zusammenfassung:

> Ergänze den Satz sinnvoll mit Hilfe der folgenden Begriffe. Du musst nicht alle Begriffe benutzen. Erstelle dann eine Concept-Map.
>
> Blutzuckerspiegel
> Balance
> im Gleichgewicht halten
> in der Nähe eines vorgegebenen Wertes
> konstant halten
> gleichmäßige Energieversorgung
> Hormone

Trotz unterschiedlicher Nahrungszufuhr und Bewegungsaktivität...

_____

_____

_____

Diese Fähigkeit des Körpers, selbstständig auf Einflüsse von außen zu reagieren und den Blutzuckerspiegel ungefähr gleich zu halten, nennt man Regulation. Die natürliche Regulation kann man durch richtige Ernährung und Bewegung unterstützen, so dass die Leistungsfähigkeit auch bei Ausdauerleistungen konstant bleibt.

Glukagon-produktion		Insulinproduktion
Glykogenabbau	Blutzuckerspiegel	Glykogenaufbau
Aktivität	Glukoseaufnahme in Zellen	Nahrung

M 4 Vertiefung
Die Regulation des Blutzuckerspiegels – Regelkreisschema

Die Abbildung zeigt ein Pfeildiagramm, das erklären soll, wie der Körper durch Selbstregulation mit Hilfe der zwei Hormone Glukagon und Insulin den Blutzuckerspiegel weitgehend konstant hält. Die beiden Hormone wirken als **Gegenspieler** (Antagonisten). Die Zellen der Bauchspeicheldrüse nehmen die Blutglukose wahr und schütten je nach Konzentration das Hormon Insulin oder das Hormon Glukagon aus.

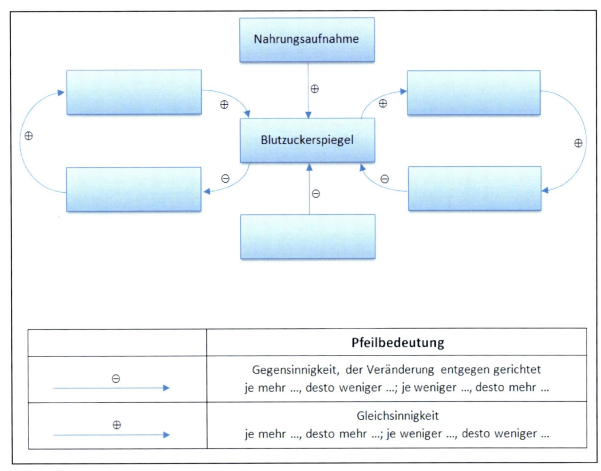

Abb. 7: Blutzuckerregulation

Wirkungspfeile zeigen durch ein Plus oder ein Minus an, ob eine Reaktion dämpfend (-) oder steigernd (+) wirkt.

1. Nimm eine Spielfigur und beginne mit dem Feld: Nahrungsaufnahme. Bewege die Spielfigur vorwärts und ergänze den jeweiligen Text.
2. Setze an den richtigen Stellen die folgenden Begriffe ein: INSULIN, GLUKAGON, GLUKOSEVERBRAUCH DURCH ZELLEN, GLUKOSEFREISETZUNG INS BLUT DURCH GLYKOGENABBAU, NAHRUNGSZUFUHR, BEWEGUNG. Übertrage dazu das Schema groß ins Heft.
3. Markiere die Pfeile mit Rot, die entscheidend sind, damit der Blutzuckerspiegel nicht zu stark fällt oder steigt. Hier findet die GEGENREGULATION statt.

M 5 — Anwendung: Wenn die Regulation versagt – 2 Fallbeispiele

Fall 1: Sarah Hempel ist 16 Jahre alt. Sie ist jetzt in der 10.Klasse und möchte nach der Schule gerne eine Ausbildung zur Krankengymnastin machen, da sie gerne mit Menschen umgeht und in ihrer Freizeit viel Sport treibt. So hat sie unter anderem bis zu ihrem 14. Lebensjahr Basketball gespielt, ist immer viel schwimmen gegangen und fährt gerne Rad. Zurzeit spielt Sarah aktiv in einem Fußballverein, mit dem sie auch an Meisterschaften teilnimmt.

Zweimal pro Woche trainiert sie seit drei Monaten nachmittags eine Kinderturngruppe. Doch seit Kurzem fallen ihr oft selbst die leichten, spielerischen Turnübungen mit den Kindern schwer. Sie fühlt sich häufig schwach und sehr müde, deswegen achtet sie noch stärker als sonst darauf, genug zu essen und sich dabei auch gesund zu ernähren. Außerdem hat sie ständig Durst, obwohl sie viel trinkt. Während der Stunden mit der Kinderturngruppe muss sie sogar häufig die Kinder alleine lassen, um zur Toilette zu gehen. In den letzten Wochen hat sie stark abgenommen. Sie vermutet allerdings, dass dies mit dem vielen Sport zusammenhängt. In der Schule kann sie sich in letzter Zeit schlecht konzentrieren und leidet oft unter Kopfschmerzen.

Deswegen geht sie zum Arzt, der ihre Blutwerte untersucht und dabei feststellt, dass sie an einem Diabetes mellitus Typ 1 („Zuckerkrankheit Typ I") leidet. Bei diesem Typ produziert die Bauchspeicheldrüse kein Insulin.
(verändert nach: http://wikis.zum.de/asbk/index.php/Fallbeispiele_GESW)

Fall 2: Stefan Greise ist 42 Jahre alt und seit 17 Jahren mit seiner Frau Iris verheiratet. Das Ehepaar hat zwei Kinder, Lena ist 12, Matthias 16 Jahre alt. Stefan Greise arbeitet als selbständiger Bäckermeister in seinem eigenem Betrieb mit 5 Angestellten. Da er sehr gerne sein eigenes Gebäck isst, kämpft er seit Jahren mit seinem Gewicht und versucht regelmäßig ohne großen Erfolg abzunehmen. Er hat einen eher gemütlichen und fröhlichen Charakter und ist bei den meisten Menschen beliebt. In seiner Freizeit sieht er gerne fern, spielt Computerspiele mit seinen Freunden im Internet oder macht es sich mit seiner Frau vor einem warmen Kaminfeuer bequem. Im Sommer organisiert er regelmäßig Grillabende für Familie und Freunde.

Bisher war er nie ernsthaft krank, worüber er froh ist, da er Angst vor Spritzen hat. Seit einem Monat jedoch fühlte er sich zunehmend angeschlagen und müde und hat auch bemerkt, dass sich an seinem Rücken und an den Armen vermehrt Hautentzündungen bildeten, so dass er letztlich doch einen Arzt aufgesucht hat. Nach einigen Untersuchungen im Labor fiel ein erhöhter Blutzuckerspiegel auf, so dass der Arzt die Diagnose eines Diabetes mellitus Typ 2 („Zuckerkrankheit Typ II") stellte. Bei diesem Typ reagieren die Zellen nicht richtig mit dem Insulin, wodurch Insulin seine Türöffnerfunktion nicht in vollem Ausmaß erfüllen kann und die Zellen nur wenig Glukose aufnehmen.
(Verändert nach: http://www.patient-als-partner.de/index.php?article_id=90clang=0)

Arbeitsaufträge:

Einzelarbeit:
1. Lest die Fallbeispiele.
2. Vergleicht Sarah Hempel und Stefan Greis in einer Tabelle unter folgenden Gesichtspunkten: Alter, Lebensweise, Krankheitssymptome. Ihr könnt zusätzliche Informationen zu den beiden Diabetestypen heranziehen.

Partnerarbeit:
3. Vergleicht Eure Ergebnisse aus der Einzelarbeit.
4. Die Messergebnisse im Diagramm zeigen, wie die Erkrankung bei Sarah und Stefan festgestellt wurde. Erklärt schriftlich die Veränderungen der Blutzuckerspiegel bei Normalpersonen und Diabetikern mit dem Pfeildiagramm zur Regulation des Blutzuckerspiegels aus der letzten Stunde (Partner 1 = Diabetes Typ 1; Partner 2 = Diabetes Typ II).

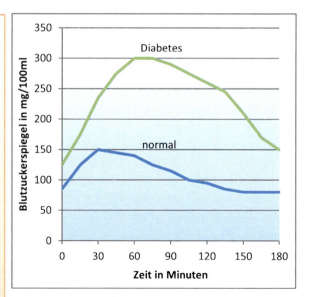

Abb. 8: Verlauf des Blutzuckerspiegels von zwei Personen, die eine Traubenzuckerlösung mit 100g Glukose getrunken haben

Erwartungshorizont

Nr.	Erwartete Schülerleistung	F	E	K	B	AFB
M1	1. SuS stellen das Zusammenwirken von Organen und Organsystemen dar.	x				I
	2. SuS erklären die Wirkungsweise der Hormone, indem sie die Informationen des Textes in ein einfaches Pfeildiagramm (Wirkdiagramm) übertragen.	x		x		II
	3. SuS stellen die Blutzuckerzufuhr durch Nahrungsaufnahme und Glykogenabbau und die Blutzuckerentnahme durch Bewegung, Glykogenaufbau und Glukoseaufnahme in Zellen gegenüber.	x				II
	4. SuS skizzieren Modellvorstellungen der Wirkungsweise des Insulins an den Muskel- und Leberzellen.	x				III
M2	1. SuS erklären die Wirkung von Nahrungsaufnahme auf den Blutzuckerspiegel mit Hilfe eines Pfeildiagramms. Die Lösung wird mit Hilfe der Karten zur Beschriftung (Gruppe 2) überprüft.	x		x		II
	2. und 3. SuS erklären die Folgen für den Blutzuckerspiegel bei Ausdauerbelastung bzw. Verzicht von Nahrungsaufnahme.	x		x		II
	4. SuS machen eine Vorhersage zur Abhängigkeit der Energieversorgung für die Ausdauerbelastung und vergleichen diese.	x		x		III
	5. SuS beurteilen verschiedene Ernährungsgewohnheiten mit Hilfe eines Forumsbeitrags.	x		x	x	III
M3	1. SuS erklären die Regulation des Blutzuckerspiegels mit Hilfe einer Concept-Map.	x		x		II
M4	1. SuS stellen die Regulation des Blutzuckerspiegels mit Hilfe eines Pfeildiagramms dar.	x		x		I
	2. SuS erklären die Beziehungen zwischen Hormonausschüttung, Außeneinflüssen (Nahrungsaufnahme/Bewegung), den Reaktionen der Organe und dem Blutzuckerspiegel.	x				II
	3. SuS stellen die negative Rückkopplung mit Hilfe des Pfeildiagramms dar.	x		x		II
M5	1. und 2. SuS entnehmen Informationen zur Diabeteserkrankung Typ I und Typ II aus Texten zu unterschiedlichen Fallbeispielen und vergleichen diese hinsichtlich Alter, Lebensweise und Krankheitssymptomen.	x		x		II
	3. SuS vergleichen ihre Ergebnisse aus Aufgabe 2 untereinander.	x		x		II
	4. SuS beschreiben ein Diagramm zur Veränderung der Blutzuckerspiegel bei gesunden Personen und Diabetikern. Sie erklären die Veränderungen der Blutzuckerspiegel bei Diabetikern mit einem Pfeildiagramm.	x		x		I

*Anforderungsbereiche I (Reproduktion), II (Reorganisation), III (Transfer)

Quellen

Baum, K. (2002): Ernährung und sportliche Leistungsfähigkeit: Möglichkeiten und Einflussfaktoren am Beispiel von Ausdauer- und Kampfsportarten. Ernährung im Fokus (2-04), S. 87ff.

Bossert, U. (1999): Regulation des Blutzuckerspiegels. Biologie in der Schule 48, S. 204 ff.

Bünten et al. (2005): Natura Naturwissenschaft. Stuttgart: Klett

Hausfeld, R. ; Schulenberg, W. (2007): Bioskop Gy 7-10. Westermann, S. 240-241

Kattmann, U. (1990): Glucose im Fließgleichgewicht. UB 158, 14, S. 32-35

Kramer, M. (1999): Das Phänomen Blutzuckerspiegel. Biologie in der Schule 48, S. 25ff.

Linder et al. (2008): Linder Biologie 1 NRW. Schroedel: Braunschweig

Ruppert, W. (1997): Insulin – vom Molekül zum Menschen. UB 229/21, S. 45,46

Scharf, K.H.; Lange, K. (2005): Diabetes. Praxis der Naturwissenschaften 5/54

Schmidt, S.D. (2005): Schulsport und Diabetes. PdN-Bio 5/54, S. 28-32

Shephard, R.J.; Astrand, P.O. (Hrsg.): Ausdauer im Sport. Köln 1993

Zürchner, S. (2008): Insulin und der Glucose-Stoffwechsel. UB 331, S. 22-32

http://www.forum-ernaehrung.at/cms/feh/dokument.html?ctx=CH0103&doc=CMS1145603288501 (Zugriff 8.7.2010)

http://www.forum-ernaehrung.at/cms/feh/dokument.html?ctx=CH0100&doc=CMS1145603430109 (Zugriff 8.7.2010)

Diabetes-world.net: Interviews mit bekannten Persönlichkeiten des öffentlichen Lebens mit Diabetes.

Abbildungs- und Tabellenverzeichnis

Seite	
5-7	Alle Abb. sowie Tab. 1: Hilke Geelvink
9	Abb. 1: ProfDEH: Cyclist-Cologne-475.jpg. Online verfügbar unter http://commons.wikimedia.org/wiki/File:Cyclist-Cologne-475.jpg?uselang=de, zuletzt geprüft am 12.08.2011. Abb. 2: Hilke Geelvink
10	Abb. 3: Götzke, Jürgen: AmpelFahrrad IMG 0426.jpg. Online verfügbar unter http://commons.wikimedia.org/wiki/File:AmpelFahrrad_IMG_0426.jpg?uselang=de#globalusage, zuletzt geprüft am 12.08.2011. Abb. 4: Silvia Wenning Abb. 5: Hilke Geelvink
14	Tab. 1: Hilke Geelvink Abb. 1: Sebastian Elsemann
15	Tab. 2: Hilke Geelvink
16-17	Abb. 2, 3 und 4: Sebastian Elsemann
20-28	Alle Abb.: Dirk Zohren
33	Abb. 1: Dirk Zohren Abb. 2: Ruiz Villarreal, Mariana: Digestive system whitout labels.svg. Online verfügbar unter http://commons.wikimedia.org/wiki/File:Digestive_system_whitout_labels.svg?uselang=de, zuletzt geprüft am 12.08.2011.
35-39	Abb. 3 und 4: Hilke Geelvink
40	Abb. 5: Delia Nixdorf
41	Abb. 6: Hilke Geelvink
43	Abb. 7 und 8: Hilke Geelvink

Autoren und Herausgeber

Peter Camiciottoli

Kopernikus Realschule Langenfeld

hat die Fächer Biologie und Sport für das Lehramt an Gymnasien studiert. Seit 1997 unterrichtet er an der Kopernikus Realschule. Für die Bezirksregierung Düsseldorf arbeitete er jahrelang als Moderator naturwissenschaftlicher Fortbildungen.

Silva Elfgen

Mädchengymnasium Essen-Borbeck

unterrichtet seit 2005 die Fächer Biologie und Französisch am Mädchengymnasium in Essen-Borbeck. Hat ab 2004 zunächst am Sinus-Transfer-Modellversuch mit-gearbeitet und führt die Arbeit im Projekt „Biologie im Kontext" fort.

Anne-Katrin Hagemann

Gymnasium Wülfrath

unterrichtet seit 2000 am Städtischen Gymnasium in Wülfrath die Fächer Biologie und Chemie. Als abgeordnete Lehrerin arbeitet sie seit 2010 für das Neanderthal Museum in Mettmann, einem bedeutenden außerschulischen Standort. Darüber hinaus ist sie jahrelanges Mitglied der Arbeitsgruppen „Biologie im Kontext I und II".

Robert Hüllen

Europaschule Krupp-Gymnasium Duisburg

arbeitet seit 2000 als Lehrer für Biologie und Chemie am Krupp-Gymnasium in Duisburg und koordiniert dort die Naturwissenschaften. Darüber hinaus ist er als Fachberater in Aufgaben- und Konzeptentwicklungsgruppen der Bezirksregierung und des Schulministeriums, als Setkoordinator im Projekt „Biologie im Kontext" sowie in einer Aufgabenentwicklungsgruppe des IQB tätig.

Rebekka Sifakis

Annette-von Droste-Hülshoff-Gymnasium Düsseldorf

hat die Fächer Biologie und Chemie für das Lehramt an Gymnasien und Gesamtschulen studiert. Seit 2002 am Annette-von-Droste-Hülshoff-Gymnasium in Düsseldorf tätig.

Ingeborg Wehrmann

Kurt-Tucholsky-Gesamtschule Krefeld

hat die Fächer Biologie und Chemie studiert. Sie arbeitet als Moderatorin für Naturwissenschaften und war als Setkoordinatorin im Projekt „Biologie im Kontext" tätig.

Delia Nixdorf

Mädchengymnasium Essen-Borbeck

hat die Fächer Biologie, Geschichte und Psychologie studiert. Arbeitet seit 2004 im Sinus-Transfer-Modellversuch und danach bei „Biologie im Kontext" mit. Neben der Tätigkeit am Gymnasium ist sie Fachleiterin des Studienseminars in Oberhausen

Marion Rögels

Franz-Meyers-Gymnasium Mönchengladbach

hat als Moderatorin in der Lehrer-fortbildung der Bezirksregierung Düsseldorf gearbeitet. Sie unter-richtet am Gymnasium in Mönchengladbach und ist Fach-leiterin am Studienseminar in Mönchengladbach.

Simone Jentsch
Gertrud Bäumer Gymnasium Remscheid

unterrichtet am Gertrud Bäumer Gymnasium in Remscheid die Fächer Biologie und Chemie.

Yvonne Kaninke
Europaschule Krupp-Gymnasium Duisburg

unterrichtet am Krupp-Gymnasium in Duisburg die Fächer Biologie und Sport.

Dirk Zohren
Heinrich-Heine-Gymnasium Oberhausen

unterrichtet die Fächer Biologie und Sport am Heinrich-Heine-Gymnasium und arbeitete als Fachmoderator in der Bezirks-regierung Düsseldorf.

Hilke Geelvink
Didaktik der Biologie
Universität Duisburg-Essen

hat die Fächer Biologie und Chemie für das Lehramt an Gymnasien und Gesamtschulen studiert. Seit 2009 arbeitet sie in der Abteilung Didaktik der Biologie an der Universität Duisburg-Essen.

Dr. Martin Linsner
Didaktik der Biologie
Universität Duisburg-Essen

hat die Fächer Biologie und Chemie für das Lehramt an Gymnasien studiert. Seit 2005 arbeitet er als wissenschaftlicher Mitarbeiter in der Abteilung für Biologiedidaktik an der Universität Duisburg-Essen; unter anderem beteiligte er sich an den Projekten „Biologie im Kontext" und „Ganz-In".

Silvia Wenning
Didaktik der Biologie
Universität Duisburg-Essen

hat Biologie und Physik für das Lehramt an Gymnasien und Gesamtschulen studiert. Sie arbeitete als Moderatorin in der staatlichen Lehrerfortbildung und in Unterrichtsentwicklungs- und Lehrplangruppen des Landes NRW. Seit 2009 ist sie Akademische Oberrätin in der Arbeitsgruppe der Didaktik der Biologie an der Universität Duisburg-Essen und koordiniert das Projekt „Bio-innovativ".

Prof. Dr. Angela Sandmann
Didaktik der Biologie
Universität Duisburg-Essen

hat Biologie und Chemie auf Lehramt studiert und in der Didaktik der Biologie promoviert. Sie arbeitete am Leibniz-Institut für die Pädagogik der Naturwissenschaften und Mathematik (IPN) in Kiel in verschiedenen Forschungsprojekten sowie an der Universität Dortmund. Seit 2005 ist sie Professorin für die Didaktik der Biologie an der Universität Duisburg-Essen und hier in Projekten wie „nwu-essen", „Biologie im Kontext", „Ganz In" und in der Lehrerfortbildung engagiert.